限界突破の哲学

なぜ日本武道は世界で愛されるのか？

ア

Ale

ネット

a pilot of wisdom

プロローグ

私が八十歳の剣士に負けた理由

人生に引退が無いように、武道には引退がありません。武道家は生涯現役。私が三十余年修行してきた剣道の世界では、六十～七十代はおろか、八十代、九十代のベテラン剣士が日々鍛錬を続けています。なかでも八段以上の範士は、文字通り鬼のような強さです。

現在、剣道七段の私もさまざまな道場に稽古に出向き、八段の先生に稽古をつけてもらっているのですが、つい先日も八十歳の先生に一方的に打たれました。

相手の正面に立ち、呼吸を整え、自然体で構える。相手が年配だからといって手加減することも、その反対に気後れすることもありません。私が普段稽古をつけている十代、二十代の学生を相手にする時と同じ気構えです。

ですが、「あっ」と思った時には、もう打たれていました。油断大敵、すぐに気を取り直して再び構えます。眼《め》の前の老剣士は、静かな息で立っています。面《めん》の奥にのぞく眼光は穏やかで、いつでも打ち込めそうな気がします。しかし、いざ打とうとすると、どこにも隙が見当たりません。「なんでや……なんで?」。戸惑いが生まれ、焦りが生じ、そこを「めん!」と打たれます。

何とか打ってやろうと、こちらも必死になりますが、その都度パッ、パッと動きを押さえられます。相手の動きに無駄は無く、すべてこちらの隙を引き出す動きとなっています。こうなると、後は同じことの繰り返しです。「面、面、面!」。もう為《な》す術《すべ》もなく打たれるばかりです。

私が学生と対峙《たいじ》する時、経験の浅い彼らの動きがよく見えるように、あの老剣士の眼には、私の隙や心の揺れが、一点の曇りもなく映っていたのでしょうか?

引退の無い世界へ

年齢と共に体力は衰えていきます。私も十代で剣道を始めてから五十代になる現在まで、日々の鍛錬を怠ることなく続けてきていますが、ふとした拍子に体の不調や力の衰えに気づくことが増えてきました。

竹刀《しない》を振り上げようとした時、腕に強い痛みを感じて、肩を上げられなくなっていたり。

趣味の登山で山を下りた後、以前は感じなかった痛みを、膝やふくらはぎに感じるようになったり。

剣道の稽古でも、十代、二十代の学生の動きを見ていると、速いし元気があるなと感心します。生理学的な反射神経や代謝能力、そこから生まれる瞬発力や回復力では、彼らにもう敵《かな》わないでしょう。

それでも負けることはありません。面と胴をつけ、小手をはめ、竹刀を手にして向き合えば。

私が特任コーチを務めていた関西大学の剣道部は、伝統のある強豪チームで、スポーツ推薦で入学してきた優秀な学生も多数在籍しています。子どもの頃から剣道を続けてきている彼らは、若さゆえのパワーやスピードに加え、技術的にもすぐれ、試合慣れもしています。

しかし武道の世界はそれだけでは勝てません。彼らに稽古をつける時、私はあえて打たせます。打たせておいて、そこに必ず生まれる隙を見つけ、逃すことなく打ち込みます。後から振り下ろしたはずの私の剣が、なぜか先に当たるのです。

もちろん彼らにも、テクニックも意地もありますから、フェイントを仕掛けてきたり、渾身《こんしん》の一撃を繰り出してくることもあります。若さゆえの瞬発力も体力もありますから、決してイージーな攻撃ではありません。

それでも「武道の技術」を知っていれば、相手の動きの起こりを捉え、ほぼすべての技を見切ることができるのです。どんなに速い動きでも、来るとわかっているものは恐るるに足りません。スタートする前に止めるなり、スタート地点の軌道から外れておけば、当たることは決してないのです。

これは剣豪小説や映画のなかの話ではありません。剣道の道場で日常的に見られる光景であり、伝統的な武道の世界ではごく当たり前のことなのです。

武道で限界を突破する

歳《とし》と共に体は弱くなる。その代わり心が強くなっていく。これは武道の常識のひとつで、昔から何人もの大先生が言ってきたことです。言葉だけ聞くと抽象的な理念にも聞こえますが、先ほどお話しした老剣士のエピソードのように、剣道では実際に他者と対面し、激しい技の攻防を通じて、その理念を実証しています。机上の空論ではない、眼の前にある事実なのです。

日々の鍛錬を積み重ねることで、体力の限界を超え、年齢の壁を越える。そして昨日の自分を超えていく。日本の武道は、世界的に見ても稀有《けう》な身体文化、精神文化であり、人生百年時代といわれる現代に、必須の実践哲学でもあります。

私はニュージーランドで生まれ育ち、十七歳の時に留学先の日本で剣道と出会いました。そこから武道の魅力に取り憑《とっ》かれ、追求を続けていくうちに、気づけば人生の半分以上の時間を日本で過ごしていました。

この三十余年で、武道を取り巻く状況は大きく変わりました。海外ではヨーロッパを中心に、武道人口は年々増加の傾向にあり、言葉や文化、宗教の違いを超えて広く普及しています。その一方で、日本では少子高齢化の影響もあり、武道人口は減少の一途をたどっています。武道の本場である日本の人たちに、もっと武道の魅力を知ってもらいたい。武道は決して懐古趣味ではなく、いたずらにナショナリズムを煽《あお》るものでもありません。

私もいまだ修行の身ではありますが、半生をかけて得た知見を基に、人生に立ちはだかるさまざまな限界を突破する「身体と心の作法」についてお話ししていきたいと思います。

目次

基本は常に戻る場所
基本を究めるのは難しい
上達の初期段階は長所をひたすら伸ばす
円環を成す「守破離」
「守」のなかにある主体性
仲間と鍛錬して壁を破る
風景がガラリと変わる段階
コンフォートゾーンから抜け出す
小さな課題と目標を常に設定する
気づいたことをノートに整理する
動画に撮って進捗を確認する
よいモデルを見つけて真似る
三年かけてよい師を探せ
デジタル世代の指導から学んだある工夫
殻を破る多様性のなかでの学び

第三章　心の整え方 —— 101

第五章　人間の壁を越えて

縮まる世界との差
障がい者と高齢者にも武道を
武道人口減少の背景にある問題
武道は宗教を超える
武道は文化の壁を越える

構成／高山リョウ
編集協力／高木真明
図版作成／長島拓也（長島デザインオフィス）
扉デザイン、図版調整／MOTHER
扉写真撮影／野辺竜馬

第一章　限界突破の作法

若さと才能だけではたどり着けない領域

年齢の壁を越える武道。五十代の私が、なぜ二十代の学生に負けないのか？　そして八十代の先生には、なぜ勝てないのか？　それは技術と経験の差です。

時間の密度は異なるでしょうが、二十代と五十代では三十年、五十代と八十代でも三十年、それぞれ三十年分の稽古の蓄積が、そこには存在しています。眼には見えないこの積み重ねが、磨き上げられた技として、明らかな力量の差として、立ち合いの場に現れるのです。

日々の鍛錬に関しては、かの剣豪・宮本武蔵にも「千日の稽古を鍛とし、万日の稽古を錬とす」との言葉があります。一年が三百六十五日ですから、千日で三年、万日は三十年。質を伴った「正しい努力」であることが条件ですが、三年間の稽古の蓄積、三十年間の稽古の蓄積が、それぞれの段階で、その人の技術に大幅な向上をもたらすことを、武蔵の言葉は示唆しています。

これは武道に限りません。継続は力なり。学問や芸事、職人の世界でも、時間と共に積み重ねてきた経験が、その人の専門的なスキルとなります。ビジネスの世界も同じでしょう。何事においても、若さと才能だけではたどり着けない領域が厳然として存在するのです。

図1　強さについて

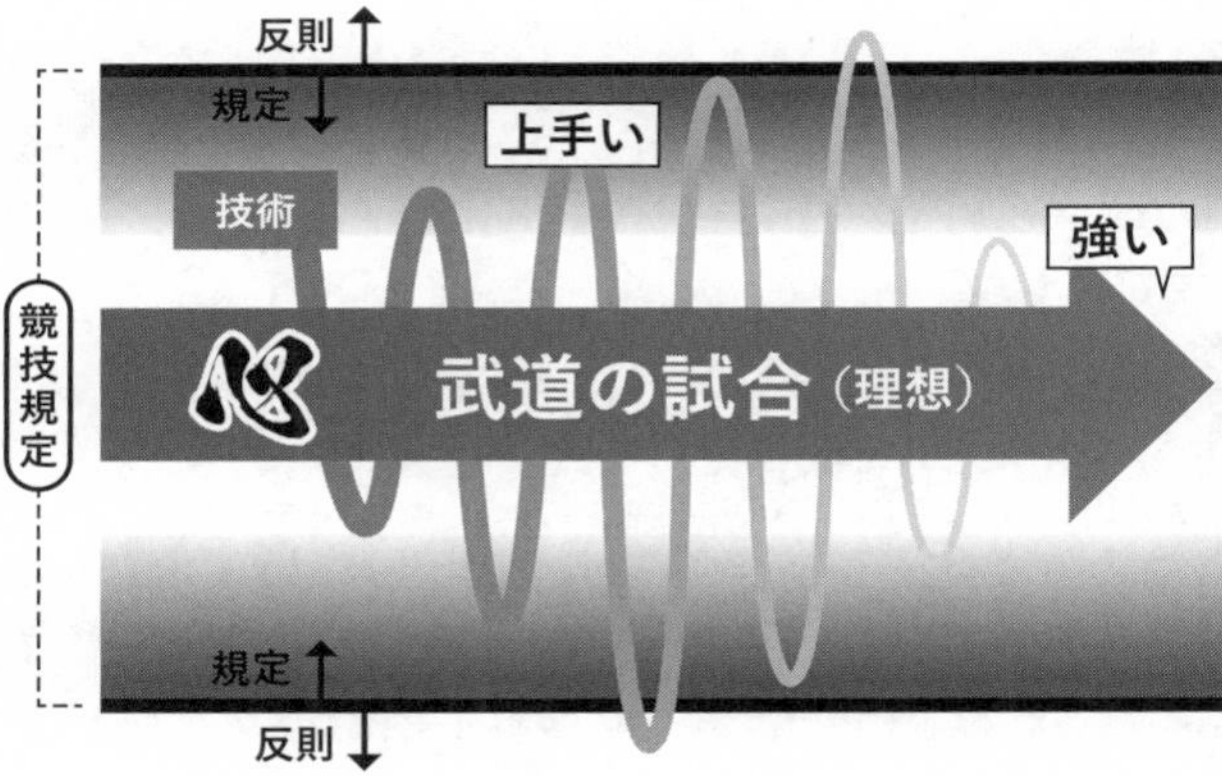

勝つためにルールぎりぎりをつく

ここで武道とスポーツの違いについて、触れておく必要があるでしょう。

スポーツには必ず規定があります。それは武道も同じことです。柔道はオリンピック種目ですし、剣道にも相撲にもルールがあります。

試合をする時は、ルールの枠内でプレイしなければなりません。ルールの枠からはみ出すと、反則になります。これは武道もサッカーも野球も一緒です。ルールのある試合には、越えてはならないラインがあるのです（図1）。

そして試合を観戦する時、一番興奮するところはどこかといえば、ルールぎりぎりのきわどいプレイです。反則になるか、ならないか、ラインすれすれのところでプレイをすると、アスリートとしてレベルが高いと評価されるわけです。

審判から見ても判定が難しいような、反則すれすれの巧妙なプレイ。「おい、今の反則にならないのか?」「審判、どこを見ているんだ?」――見ている者にとって実にスリリングで、そういうプレイこそ、スポーツ観戦の醍醐味《だいごみ》ともいえます。

武道も基本的には同じです。剣道にしても柔道にしても、ルールからはみ出さないように、そのぎりぎりのところで、試合をしています。絶対的な規則であるルールを最大限に利用して、そのなかで勝つテクニックを研究し、競い合う。ゲーム性の高い駆け引きです。

勢いにまかせてめまぐるしく動き回り、相手をだましてもいいから一本を取る。美しくなくても、結果的に一本になれば、自分のポイントになれば、それでいいじゃないか。

オリンピックの柔道や、剣道の選手権試合を見ていても、そのような試合は年々増えてきているように思えます。かつての自分も、そんな「試合に勝つための剣道」をしていました。

越えられない年齢の壁

しかし、そういう方向性は早晩行き詰まります。三十代に入ると思うように体が動かなくなるので、技にかつてのキレが無くなり、「ぎりぎりのきわどいプレイ」ができなくなってきます。速さも体力も低下し、ケガも治りにくくなります。伸び悩む成績、出口の見えないスランプ。選手としての限界を感じるようになってきます。

武道に引退はありませんが、剣道の試合でも競技の第一線で戦えるのはだいたい三十代まで。スポーツの世界でも、四十代を過ぎて活躍しているプロ野球選手はあまり見かけませんし、サッカーでも、五十七歳で現役の三浦知良《かずよし》選手（二〇二四年現在）は例外として、四十代までプレイすることは稀です。

モータースポーツのF-1でも、ルイス・ハミルトンが三十七歳でレースに出ることが話題になるくらいに、スポーツの世界では、四十代を迎えるまでには、ほとんどの選手が引退します。

ルールぎりぎりのきわどいプレイや、ゲーム性の高いパフォーマンスができなくなったら卒業する。ルールありきで成立しているスポーツの宿命ともいえるでしょう。純然たる競技スポーツの世界では、ルールが限界をつくり、年齢が限界となるのです。

技術の質が変われば生涯を通じて成長できる

武道の場合はどうでしょう？　三十代を過ぎて、ルールぎりぎりのプレイができなくなり、選手生活を卒業するところまでは、スポーツと変わりありません。

ですが武道には、そこから先があります。剣道の場合、むしろ選手生活を卒業してから、本来の剣道がスタートするといってよいでしょう。

競技としての剣道から、武道としての剣道へ。ルールの枠組みのなかで勝つ技術から、「武道の極意」を究める技術へ。学ぶ技術の質が変わっていくのです。「変わる」というより、剣道の本来の姿に「近づいていく」と言った方が正確かもしれません。

スポーツと武道の決定的な違いは、武道にはルーツとなった武術があり、現在も「形稽古《かたげいこ》」などの形式で、本来の姿を知る「基準」を残しているところです。スポーツと違って、武道では「試合のルール」が唯一の基準ではないのです。

形や基本技術の習熟度は、昇段審査で知ることができます。段位というシステムは嘉納治五郎《かのうじごろう》が講道館柔道をつくる際に考案したもので、剣道やなぎなたなどの諸武道でも採用されていますが、これもスポーツには無い武道ならではの基準です。

剣道本来の技術については、後章で説明しますが、冒頭でお話しした八十歳の剣士の技が、その具体例と思って差し支えありません。ルールぎりぎりのきわどいプレイではなく、無駄なく正面から打つ。前掲の図でいえば、ルールを基準に蛇行する曲線から、「理合」（道理のおもむき）に沿って正面を行く直線へと、ベクトルが変化していくのです。

剣道は現在八段が最高段位で、八段審査は合格率一パーセント以下の超難関となっています。私もここ数年チャレンジしていますが、なかなか受かりません。八段の受審資格は「七段受有後十年以上、四十六歳以上」。つまり挑戦できるのは、早くても四十代後半からなのです。

二〇二四年五月に行なわれた八段審査では、千七百二十名が受審し、合格者はわずか十四名。合格率〇・八パーセントでした。合格者を年齢別に見ると、四十代が三名、五十代が六名、六十代が四名、七十代が一名となっています。以前は受審資格に「七十五歳以下」との年齢制限がありましたが、現在は年齢の上限もなく、八十代でチャレンジする人もいます。

ルールが年齢の限界を生むスポーツとは対照的に、「形」や「段位」など、伝統的な基準を持つ武道は、「技術の質的転換」により生涯的な成長が可能になるのです。

もっとも、スポーツにも武道における成長と同様のものが無いわけではありません。年齢の制約を離れ、そして勝ち負けの競いを越えたところで熟達に向かっていく過程というものが実は厳然としてあると思います。その芯をつかめば、スポーツにおいても終わりのない成長を続けることはきっと可能でしょう。

剣道やめたい、日本やめたい

ここで、なぜ私が剣道と生涯関わることになったのか、その出発点をお話ししたいと思います。私が初めて剣道というものに体で触れたのは、千葉県の稲毛高校に留学した時のことでした。

東洋のマーシャルアーツを特集したＢＢＣのドキュメンタリー番組（The Way of the Warrior）で、ニュージーランドにいた頃から、日本の柔道と剣道は知っていました。柔道の道場は、生まれ故郷のクライストチャーチにもあったので、一年ほど通ったことがあります。ブラックベルト（黒帯）の強い先輩に憧れました。

私が最初に日本に留学した時の動機は、武道のためではありませんでした。私の少年時代、一九七〇年代から一九八〇年代にかけての日本は経済大国で、ニュージーランドでも人気の国でした。親の勧めもあり、将来きっと役に立つだろうと考えて、私は高校で日本語の授業を履修していました。高校時代は、将来は国際弁護士か外交官になろうと考えていたので、留学先として、経済大国の日本は魅力的だったのです。

留学先の稲毛高校で、放課後の課外活動を選ぶ時も、最初はサッカー部の見学に行きました。しかし練習場は、なんと砂のグラウンドでした。サッカーは芝生でするものです。地面が砂では、スライディングも怖くてできません。

次に見学に行ったのが、剣道部でした。剣道場に行ってみると、その場で竹刀の持ち方を教えられ、いきなり打ち合いをさせられました。初めてつける防具は、モワッと汗臭く、部員は皆、雄叫《おたけ》びを上げて、相手に突撃していきます。それは砂のグラウンドでサッカーをする光景よりもシュールで、私は大きなショックを受けました。

ですが不思議なことに、小一時間もすると、そんな景色がなんとなくかっこうよく見えてきたのです。剣道は日本の伝統文化ですし、これは日本の留学記念になるとも思い、私は剣道部に入ることにしました。

ところが、見るとやるとでは大違いでした。入部してはみたものの、剣道はちっとも面白くありません。素振りは退屈だし、技も決まらない。竹刀が相手に当たっているのに、「一本」にならない時もある。ただ棒を振って、打ち合っているだけ。始めてから半年が経《た》っていましたが、私は自分が何をしているのか、よくわかりませんでした。

そして何より稽古がきつく、先生も怖かったのです。何度倒されても立ち向かっていく「掛かり稽古」で、毎日誰かがひどい目に遭っていました。掛かり稽古とは、上位である元立ち（先生）に対し、下位の掛かり手（生徒）が絶え間なく攻撃をし、掛かっていく稽古のことです。体力の限界まで続けられる掛かり稽古は、私がニュージーランドで経験していたサッカーの練習とは全く異質のものでした。ちょうどその頃、ホームシックにかかっていたこともあり、「剣道やめたい、日本やめたい」と、私のモチベーションはゼロになっていました。

地獄の掛かり稽古

剣道部の先生のことは大嫌いでした。年は三十代半ば、大学の武道学科を卒業、千葉県の国体メンバーとして全国優勝の経験があるとのことですが、かなり強面《こわもて》の風貌です。ふらっと道場に現れては、眼についた生徒に声をかけ、掛かり稽古でしごくのです。

掛かり稽古は非常にきつく、初心者の私の場合、一〜二分でギブアップしてしまうのですが、上級生の場合は一時間近く続くこともあり、それは壮絶なものでした。

その夏も、うだるような暑さでした。忘れもしない一九八七年の八月。初めて体験する日本の夏に、十七歳の私は音を上げていました。

ニュージーランドと日本の気候は似ていて、共に四季の移り変わりがあるのですが、夏の暑さの質が違います。気温も違えば、湿度も違う。こればかりは何十年暮らしても、慣れることがありません。

その日、先生が掛かり稽古の相手に選んだのは私でした。留学して半年、ニュージーランドで勉強した日本語が通じず、授業もよくわからない。スマホもない時代で、家族に国際電話をかけるお金もない。日ごと募る孤独感に、私はひどく感情的になっていました。そこに鬼のような稽古の仕打ちです。

観念した私は、「この苦しい境遇はオマエのせいだ、バカヤロー」と、憎しみに近い感情で先生に向かっていきました。技というより体当たり。すると全力の突進に、先生が少し退《さ》がりました。

「おお、やるなお前、よしっ!」。いつもは鬼のような先生が、大喜びしているではありませんか。私はかまわず「コノヤロー!」と二度三度、全力でぶつかっていきました。

「よし、いいぞ!」。今度は先生の番です。一撃、また一撃。体当たりのような、しかし正確な打突で、私を後ろに吹っ飛ばします。力を出し切った私の足はふらふらでした。そして気づけば、後ろは壁。どこにも逃げ場がありません。

「ギブアップか?」。とどめとばかりに、先生が突進してきました。このままだと潰される……。

私はとっさに身をかわしました。そのまま壁に激突する先生。今思えば、相打ち覚悟で面を打つべきでした。しかし恐怖に勝てず、私は逃げたのです。

さっきまで楽しそうだった先生が、激怒しています。「逃げるんじゃねえよ!」。地獄の始まりでした。

十七歳の限界突破

そこからはもう、ひどいものでした。足払いで倒され、竹刀が喉に入り、たたかれ、投げられ、馬乗りにされる。「ギブアップか、ギブアップするか?」。稽古というより、喧嘩《けんか》です。

負けず嫌いの私も、ふらふらの足で立ち上がり、上がらない腕で竹刀を振り回します。ギブアップはしません。元より勝ち目のない戦いでしたが、逃げた自分が許せませんでした。容赦ない先生の攻めは続きます。

「ああもう死んでもいいや……」。するといつ頃からか、怖くなってきました。今ここで死んでもいい。頭は真っ白で、体が勝手に動きます。私はかつて経験したことのない、ハイな気分になっていました。

何度倒されても立ち上がる。どこからかエネルギーが湧いてくる。「もうダメだ」と思うたびに、先生が私をうながしてくる。

やがて稽古は終わりました。時計に眼をやると、四、五十分は過ぎていたようです。最初の数分しか記憶がなく、時間の感覚は消えていました。「え、今、何が起こったんだ?」。我に返った瞬間、何とも言えない達成感がこみ上げてきました。

なぜかわからないけれど、この時から剣道が楽しくなりました。稽古が始まる前の重圧感や緊張感から、終わった後の天国に行ったような感じ。この感覚がたまらないのです。

それは「これだけの経験に耐えた自分は、もう何が来ても怖くない」という自信です。

この日から今日まで、剣道をやめたいと思ったことはありません。今思えば、あの日の掛り稽古は、私の人生を変えた体験でした。入部から半年、「そろそろ剣道の本当の厳しさを教えてやろう」と、先生はタイミングを見計らっていたのでしょう。今の感覚だとパワハラ、虐待に見えるかもしれませんが、百戦錬磨の先生は、「指導」と「暴力」の一線をわきまえていました。私のポテンシャルを引き出すような、ぎりぎりの稽古をつけてくれたのです。

剣道の厳しさと楽しさを教えてくれた佐野桂先生は、今でも私の大切な先生のひとりです。

苦しい剣道から解放されたと思ったら……

千葉県の稲毛高校での留学期間は一年間でした。佐野先生との「掛かり稽古事件」があった八月から半年後、翌一九八八年の一月に私は帰国することになるのですが、その前の十一月に、剣道の昇段審査がありました。私は初段をめざして、頭を丸め、ひたすら稽古に励みました。審査の日が近づくと、緊張で眠れなくなり、夜中に近所の海岸で素振りをしました。

昇段審査の実技では、無心で打った「小手・面」が一本となり、初段に合格。一月になると、一年間がんばったご褒美として、留学先の稲毛高校と、留学のスポンサーだった千葉港ロータリークラブから、剣道の防具一式を頂きました。当時は故郷のクライストチャーチに剣道の道場は無く、帰国後は剣道を続けるつもりもなかったので、防具は、青春の一ページを飾る記念品に思えました。

ニュージーランドに帰ると、最初に解放感がやってきました。もう剣道をやらなくていい。あんなきついことは、二度とやらなくていいんだ……。

でも二、三ヶ月もすると、体がうずき始めました。毎日の生活は楽しいけれど、物足りないのです。近くに傘や棒があると手に取り、素振りを始めるようになりました。その頃、工事現場でアルバイトをしていたのですが、休憩時間になると、現場に落ちている木材で素振りをしていました。何をしているのか大工さんに尋ねられ、「剣道だ、マーシャルアーツだ」と答えると、「ブルース・リーか？」と言われました。

「ニュージーランドで進学せず、剣道のために日本に行きたい」。親にそう伝えた時は、「せっかくアルバイトで貯《た》めたお金を、棒を振るために使うのか？」と聞かれました。当時のニュージーランドの人々にとって、私が一心不乱に棒を振る姿は、意味不明に見えたことでしょう。私自身も始めた頃は同じでした。しかし、はじめは意味がわからなくても、形だけでも竹刀を振り続けていたことで、私の体には「剣道の基本」が染み込んでいたのです。私は素振りがやめられなくなっていました。

高校を卒業して一年。国際弁護士か外交官になる計画は、まだ私のなかにありましたが、ニュージーランドの大学に進学するには、少し早い気がしました。「今、熱中している剣道を、本格的にやりたい！」。翌八九年、私はワーキング・ホリデービザを取得して、再び日本の土を踏むことになります。

東京都内で働きながら、町道場で稽古をし、半年後には千葉県勝浦市にある国際武道大学の短期留学生に。以降、自分でも思ってもみなかった縁や機会に恵まれ、私は武道一筋の人生を送るようになります。

基本は常に戻る場所

剣道の稽古では、必ず素振りを行ないます。一口に素振りと言っても、大きく振るもの、早く振るもの、斜構えで打つものなど、いろいろな種類がありますが、基本となるのは「前進後退正面打ち」。基本の中段の構えから竹刀を振り上げ、一歩前進して面打ち、一歩後退して面打ち。竹刀を振り下ろす際に、必ず「めん！」と声を出します。これを百本、二百本と繰り返す。この素振りが、剣道で「面」を打つための基本となるのです。

初心者でも、一回の稽古で数百本。基本の構えと体さばき、正しい竹刀の振りや力の使い方を学ぶために、徹底的に行ないます。

私が特任コーチをしていた関西大学の剣道部では、稽古が始まる前に、だいたい千本ほどの素振りを行ないます。稽古前のウォーミングアップとして行ないますが、稽古の後のクーリングダウンとして行なう時もあります。

素振りは、入門初日の初心者から範士八段の先生まで欠かせない、重要な稽古です。剣道には他にも、木刀で行なう十本の「日本剣道形」や九本の「剣道基本技稽古法」、防具をつけて竹刀で行なう「打ち込み稽古」「掛かり稽古」、試合形式の「地稽古」といった稽古法がありますが、さまざまな稽古で身に付けた技術を、すべて基本の素振りにフィードバックしていくのです。

ですから「竹刀を振る」という動作は同じでも、初心者と八段では、素振りに込めている意味や課題に大きな違いがあります。初心者の素振りが劣っているというのではありません。それぞれのレベル、それぞれの段階での気づきが、素振りを行なうことで得られるのです。「今、自分はどのレベルにいて、何を目標にしているのか?」。技術の上達において、正確な自己認識は欠かせません。

武道の稽古には、常に戻ることのできる「基本」という場所があります。基本の「面」を打つ。たとえば十代の自分と五十代の自分がいて、「面を打つ」という行為は同じでも、面を打つ自分が変化しています。この先、六十代、七十代の自分もまた変わっていく。基本の面打ちは、「今の自分の到達点」を知るバロメーターとなるのです。

基本を究めるのは難しい

剣道は、面です。面の打ち方に剣道の本質が収斂《しゅうれん》されるのです。小手も胴も突きも、すべて剣道の基本技ですが、面だけは特別です。面をどこまで正確に打てているか？　そこを見直すだけで、自分の剣道全体のよいところも悪いところも、すべて見えてきます。

たとえば、面を打ちに来た相手の竹刀をすり上げて打つ「面すり上げ面」や、相手の面打ちを切り返しての「面返し胴」など、難易度の高い応用技も、基本の面打ちができていなければ、習得できません。

試合にせよ稽古にせよ、そこには相手がいるわけですから、何が起こるかわかりません。「相手がこう来たから、この技を出そう」と考えていては、間に合わないのです。技は自然に出ないと、使いものになりません。考える前に体が動く。そうなるように基本稽古をくどいほどやるのです。

相手の中心を押さえて、まっすぐに打つ。面は、ただそれだけのシンプルな技ですが、究めようとすると難しいです。本当に難しい。上達しても、常に考えるところが出て来ます。私も三十数年、ずっと稽古を続けてきていますが、面の基本ができているとは思っていません。

つい先日も、握り方を直されました。手の平の中心の位置が、柄からわずかにズレている。私としては基本に忠実に、まっすぐに面を打っているつもりなのですが、他者から見ると「剣先が中心からズレている」というのです。それではまっすぐに打てないし、ズレている分だけ、相手に打たれる隙となります。高段者同士の戦いでは、こうした一、二ミリのわずかなズレが命取りとなります。

私の竹刀の握り方に、いつからこの癖がついたのかわかりません。でも実際にしみついてしまっている。基本を見直すことで、知らぬ間についた癖に気づくことができます。

初心忘るべからず。武道に限らず、スポーツでも仕事のやり方でも、基本の見直しは大切です。「自分は基本ができている」と思っていても、知らないうちにズレていたり、甘くなっていたりします。定期的な基本のチェックが必要です。

武道には形や基本の構えがありますが、型通りの「正しいフォーム」があるわけではありません。基本に忠実に、かつ柔軟性をもって、その時の自分にとっての「最適なフォーム」を工夫していくのです。これは剣道に限らず他の分野でも共通する話だと思います。

上達の初期段階は長所をひたすら伸ばす

武道の修行は、生涯を通じての技術の向上、人としての成長を可能にしますが、上達や成長には段階があります。今の私は、八段の審査に向けて、自分の剣道を見直している時期なのかもしれません。基本稽古を行なうにしても、長所を伸ばすというよりは、知らぬ間についた癖などの、短所を直しているのだと思います。

これが十代、二十代の頃なら、話は違ってきます。基本を身に付けて、得意な技や必勝パターンを編み出す。修行の初期の段階は、いわば短所だらけなわけですから、まずは長所を伸ばして、得意なことを増やしていきます。

高校時代に佐野先生から「いずれ基本に戻る」と言われたことがあります。五十を過ぎてみるとたしかにその通りだったのですが、当時は「基本なんかどうでもいい」と思っていました。それよりも、試合で勝てる技を覚えたかった。遠くの面より、近くの小手。相手をだまして、いかに速く打つかを研究していたものです。

もちろん基本稽古は行なっていましたが、一番に考えていたのは「勝つ技」のことです。ルールを利用し、相手を出し抜くには、どうすればいいか、と。

図2　武道を学ぶ過程

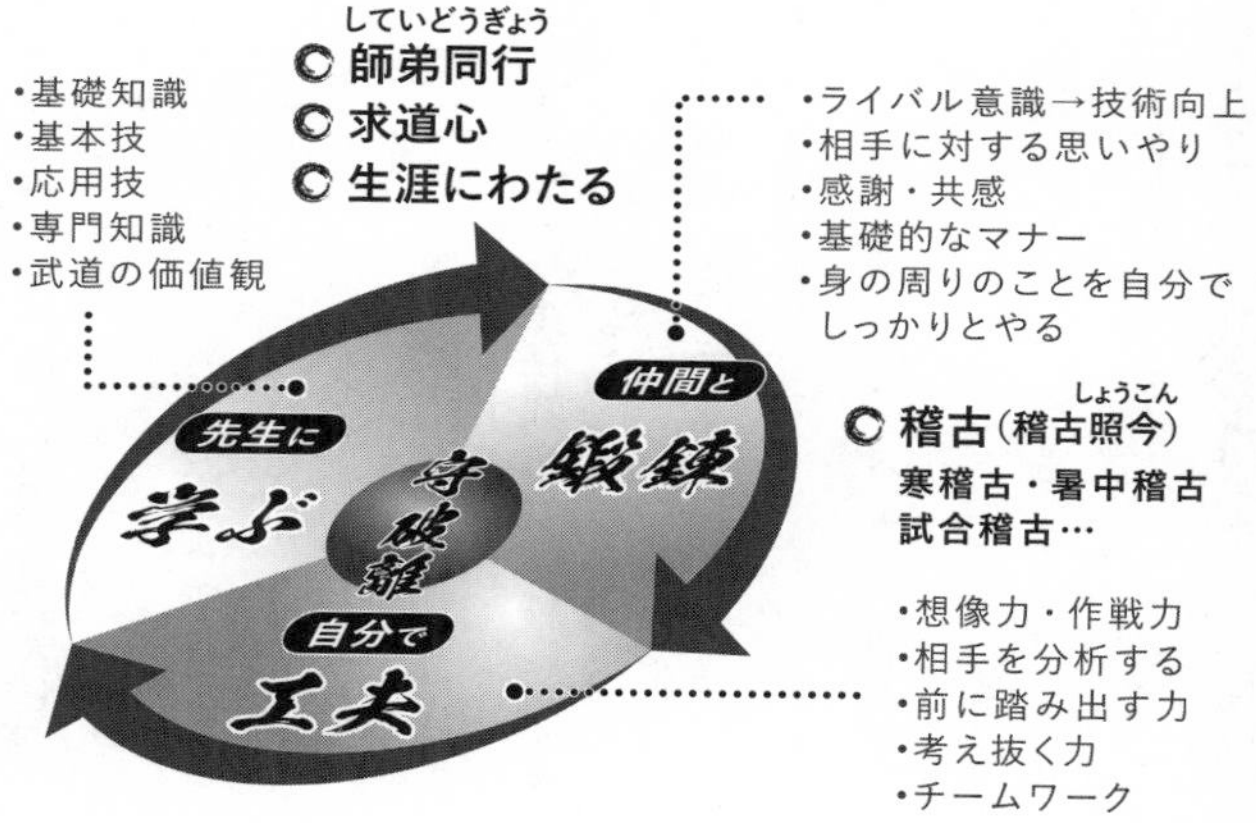

若い時はそれでよいと思います。まずは試合での勝ち方を覚えることです。たくさん試合をして、ライバルと研鑽《けんさん》を重ねることです。それらのプロセスを飛ばして、いきなり「剣の道を究める」とか言っても、難しいですから。

円環を成す「守破離」

武道や茶道における修行の段階を表す言葉に、「守破離」という概念があります。現在ではスポーツやビジネスなど幅広いジャンルで、学びのプロセスを説明する時にも使われています。

辞書を引いてみると、

「守」は、師や流派の教え、型、技を忠実に守り、確実に身につける段階。

「破」は、他の師や流派の教えについても考え、良いものを取り入れ、心技を発展させる段階。
「離」は、一つの流派から離れ、独自の新しいものを生み出し確立させる段階。

（『デジタル大辞泉』）

とあります。

この守破離は、現代剣道の修行にも当てはまり、
守は、先生に学ぶ。
破は、仲間と鍛錬。
離は、自分で工夫。
という円環を成しているように思われます（図2）。

具体的に説明していきましょう。
最初の段階は先生から、いろいろなことを学びます。基礎知識や基本技、応用技や専門知識、また「武道をどのように生活に活《い》かすか?」といった武道の価値観も学ぶことになります。先

生が生徒に、自分の持っているいろいろな情報を提供するわけです。

これが「守」の段階ですが、伝統的な日本の教育観だと、「黙ってやれ」というような、先生の言うことに絶対服従するイメージがあります。「守」は、守るの守。言いつけを守る、きついことや理不尽なことでも従わなければならないというイメージです。

けれどもずっと修行してきた私の実感としては、必ずしもそうではないと思っています。伝統武道の世界でも、学ぶ側に主体性はあります。

スポーツの世界では、「アスリート・センタード・コーチング（選手中心の指導法）」が主流となりつつありますが、近年、この自分で考えさせる指導法は、武道の世界でも注目されていて、特に海外で流行しています。上から一方的に指導するのではなく、選手に課題を与えて、自分で考えさせる指導法です。

そして、もともと伝統的な武道の修行にも、「自分で考えさせる」要素があると私は思っています。

「守」のなかにある主体性

アスリート・センタード・コーチングの基本的な考え方は、「スポーツは楽しくやらないと伸びない」です。選手の欠点を批判し、矯正するのではなく、長所を伸ばしていく。課題を与え、自分で考えさせることで、学ぶことの楽しさを実感させる。二〇二三年、夏の甲子園で百七年ぶりに優勝した慶應義塾高校の野球部でも、監督がそのような方針で指導していたと聞きます。

そして武道の指導でも、昔から同様のことが行なわれてきたと、私は思っています。

武道修行のプロセスとして、まず先生からいろいろなことを学びます。そしてスポーツには無い武道の特徴として、「引退が無い」ということが挙げられます。つまり、武道では、指導する先生も、現在進行形で技術を学び続けているのです。私が教わっている八段の先生方にも各自の課題があり、それぞれが自分の課題に取り組んでいます。

このような武道特有の学びの関係性を、「師弟同行《どうぎょう》」と言います。師匠も弟子も、同じ道を歩んでいる。レベルや課題は違えど、先生も学び、生徒も学んでいる。そのような関係性のなかで、師匠から弟子へと技術が伝承されていく。

そして、この同行するふたりを貫いているのが、「求道心」なのです。ひとつの道を、ひたすらに追求していく心です。現代的に言うなら「向上心」が近いでしょうか。「昨日の自分よりよくなりたい」という前向きな心です。

この求道心のなかに、武道の楽しさがあるのです。「守」の段階で教わることの意味や目的は、すぐには理解できなくても、稽古を続けるうちにわかってきます。主体性を持って、自分の課題を見つけていくのです。

仲間と鍛錬して壁を破る

先生から学んだ基本を反復する。先生や先輩の指導を受ける。そして仲間と一緒に稽古していく。守破離の「破」は、仲間との稽古の段階です。

野球やサッカーはチームスポーツですが、武道はチームスポーツではありません。団体戦はありますが、基本的に集団戦ではなく、一対一の対戦です。

そして個人の戦いでありながら、一緒に稽古をしている仲間の存在があるのです。大学の剣道部を見ていても、熾烈《しれつ》なレギュラー争いがあり、「後輩に負けたくない」「先輩に負けたくない」といったライバル意識を持って、学生たちは鎬《しのぎ》を削っています。

先生から学んだ基本の技を、ライバル相手に試してみる。自分なりに工夫してみる。これが自分の得意技となり、試合でも勝てるようになると、ものすごくうれしいわけです。

周りは皆ライバルでもあるけれど、相手も一生懸命やっている。だから自分も一生懸命やる。

そこから相手に対する思いやりが生まれてきます。仲間に対する感謝と共感。武道ならではの独特な絆《きずな》が生まれるのです。

チームスポーツでも、チームメイトとの間に仲間意識は生まれますが、剣道の場合は、戦う相手に対して、勝っても負けても感謝の念が湧いてきます。これはやはり、スポーツの絆とは違うものです。

私は剣道を始める前、ニュージーランドでサッカーとクリケットをやっていたので、チームプレイの楽しさも知っています。サッカーやクリケットと比べると、剣道は孤独です。

道場のなかに先輩がいる、後輩がいる、先生がいる。周りにいろいろな人がいて、皆、一緒に稽古している。けれど、やはり孤独なのです。武道は戦の世界で生まれたもの。元をたどれば、人を殺すための技術です。それでも剣道は相手がいなければできません。だから相手の存在をリスペクトするようになります。矛盾した不思議な感情ですが、修行が進むにつれ、戦う相手に対して深い感謝の念を抱くようになるのです。

この独特な感謝の念から、相手への思いやりが生まれます。他者への想像力を働かせて、眼の前の相手を理解しようとします。私の場合、日本で剣道を学ぶようになってから、基礎的なマナーが身に付き、以前よりは他人に気を利かせることができるようになりました。剣道では

「形」としての礼法をはじめに学びますが、仲間との研鑽を重ねるうちに、形式的でない本当の「礼」ができるようになっていきます。

守破離の「破」は、仲間と鍛錬することで、壁を破る段階です。

風景がガラリと変わる段階

先生から学ぶ「守」、仲間と鍛錬する「破」。その次の「離」の段階では、守と破で得たものを活かして、さらに工夫することになります。

たとえば、技はある程度できるようになった。試合でも勝てるようになってきた。だけど「どうしてもこの人に勝てない」という相手が出て来ます。道場内の基準からすると、それほど強い相手ではないのに、なぜか勝てない。

この段階になると、基本稽古の他に、「相手の技や癖を分析して作戦を立てる」「その相手専用のオーダーメイドの技を開発する」といった、新たな工夫が必要になってきます。

「どうすれば勝てるのか?」。想像力、作戦力、前に踏み出す力。答えが見つかるまで考える、考え抜く力。そして、仲間との協働作業も必要です。試合の感想やアドバイスをもらう、技を開発するための稽古相手になってもらうなど、集合知を結集します。

まず先生から学び、仲間との関係性のなかで、自分の課題を見つけていく。そしてその課題を解決するための工夫をする。たとえば「どうしても勝てない相手がいる」というのが課題なら、「作戦を立て、技を開発し、その相手に勝つ」ことが解決のための工夫となります。守破離の最後となる「離」の段階です。

私の経験でも、武道修行で大きな比重を占めているのは「離」の段階、つまり「自分で課題を見つけて、自分で解決をする」ことでした。

「先生の言うことには無条件で従う」というイメージが、伝統文化にはあるかもしれませんが、少なくとも武道は違います。

「先生の言いつけを守る」という発想は、ともすれば「先生の言う通りにしていればよい」という思考停止に陥ります。技術の習得において、それは一番やってはいけないことなのです。

自分で課題を見つけて、自分で解決をする。常に問題意識を持って、物事に取り組む。決して楽なことではありません。それは厳しいことです。厳しいけれど、その厳しさのなかに、努力する喜び、壁を越えていく喜びがあるのです。「自分で課題をクリアした」という達成感が生まれます。成功体験が自信となります。この喜びを知り、自主性を育んでいくことが、守破離の「離」の段階ではないでしょうか。

そして修行を続けていくと、さらに高い壁にぶつかります。越えられそうにない、高い壁です。ここで「守」に戻るのです。この段階で、改めて先生に質問します。先生の方から声をかけてくることもあるでしょう。よい先生は、弟子のことをよく見ています。先生のアドバイスは具体的なものとは限らず、禅問答のような抽象的な言葉もありますが、それを自分なりに考え、答えを探していくのです。

武道修行の守破離のプロセスは、「守」に始まり「離」に終わる直線的なものではありません。「離」まで行くと、次の「守」がまた始まります。守破離は何度でも繰り返す、円環を成すプロセスなのです。

コンフォートゾーンから抜け出す

さて、基本の反復は大切なことですが、単調になってはいけません。稽古が習慣化して、何も考えずただやっているだけになると、いくらやっても効果が出なくなります。これは武道に限らず、スポーツや勉強でも同じことでしょう。

剣道の稽古のルーティン（日課）は、道場によって異なりますが、定期的に時期ごとのルーティンを変えているところが多いと思います。

大学の剣道部でも、たとえば寒い時期は体を動かさないといけないから、掛かり稽古を増やす。暑い時期は運動量を減らして、技の研究をする。また試合前や審査前になると、その対策を重点的に行なう、といった具合に、年間を通じてルーティンを変えています。

ただ私は今、年中同じ稽古をしています。面打ちしかやりません。先ほども述べたように、面は剣道で一番難しい技ですから、いくら稽古しても足りないのです。他の人から見たら、全然面白いものではないでしょうが、今私が求めるべきものが、すべて面の稽古に入っています。ですから日々のルーティンは、年齢やレベルによっても変わっていきます。

学生を見ていると、コロナ禍が明けて稽古を再開してから、稽古が単調になっているように思えます。決まった動作の繰り返しで、自分の好きなこと、得意なことだけをやっている者が多い。それでは自分の限界は突破できません。

若い時は長所から伸ばす、先ほど私はそのように言いましたが、稽古の本来の意味は「古《いにしえ》を稽《かんが》える」、昔を考えることです。先人の遺《のこ》したものを学ぶ。昨日できなかったことを、いろいろ考えて工夫する。だから今までできなかったこと、自分の苦手としていたことが、できるようになるのです。

好きでないこと、得意でないことに取り組むのが稽古です。短所や欠点が邪魔をして、その人の長所が発揮されていないことも、よくあります。

コンフォートゾーン（快適な空間）で、ロボットみたいに同じ動作を繰り返していないだろうか？　毎日努力しているのに、思うような成果が得られていない時は、毎日のルーティンを見直す必要があります。

小さな課題と目標を常に設定する

稽古を工夫する。よく考えて稽古する。稽古やトレーニングに取り組む時、「何のためにこれをやっているのか？」を把握しておけば、どんな努力も無駄にはなりません。

たとえば素振りや、相手に打ち込む「打ち込み稽古」を行なう時。「今日は左足の引きつけをしっかりやろう」とか、「打った後の姿勢に気をつけよう」とか、具体的なキーワードを設定して行なうと、集中力が大幅に上がります。

ただ漫然とルーティンを繰り返すだけでは、緊張感が生まれません。課題を毎回設定し、キーワードとして認識することで、一気に集中力が高まるのです。

「課題や目標を設定する」というと、大げさに聞こえますが、小さな課題でよいのです。そして必ずその課題を、具体的な言葉にします。「足に注意する」とか「姿勢に気をつける」とか、キーワードを意識しながら、動作を行ないます。稽古ごとのプロジェクトを設定することで、自動的に集中力が高まり、稽古の質を上げることができます。

稽古は量より質です。特に社会人になると、時間は限られてきます。学生の時のように、毎日ふんだんに時間を使うことはできません。だから質のよい稽古を常に心がけます。

ずっと稽古を続けていると、「あ、今できたな」とわかる瞬間があります。それまでできなかった技や動作が、できた瞬間です。ここを逃さないこと。その技や動きが自然に出るように、身体に染み込むまで反復します。

また、一度マスターしたはずの技術が、できなくなっていたとしたら、それは定着させる努力が足りなかったのです。「できた」と思ったら、その場で徹底的に反復することです。

気づいたことをノートに整理する

課題を設定して、稽古の質を高めるのに欠かせないのが、ノートです。私はいつも稽古の進捗状況を、ノートに記録しています。持ち歩けるサイズで、ハードカバーの本のような、エレガントな装丁のものを選んでいます。

稽古で気づいたことや、先生にかけられた言葉を書き留めたこのノートは、私の個人的なバ

著者のノート

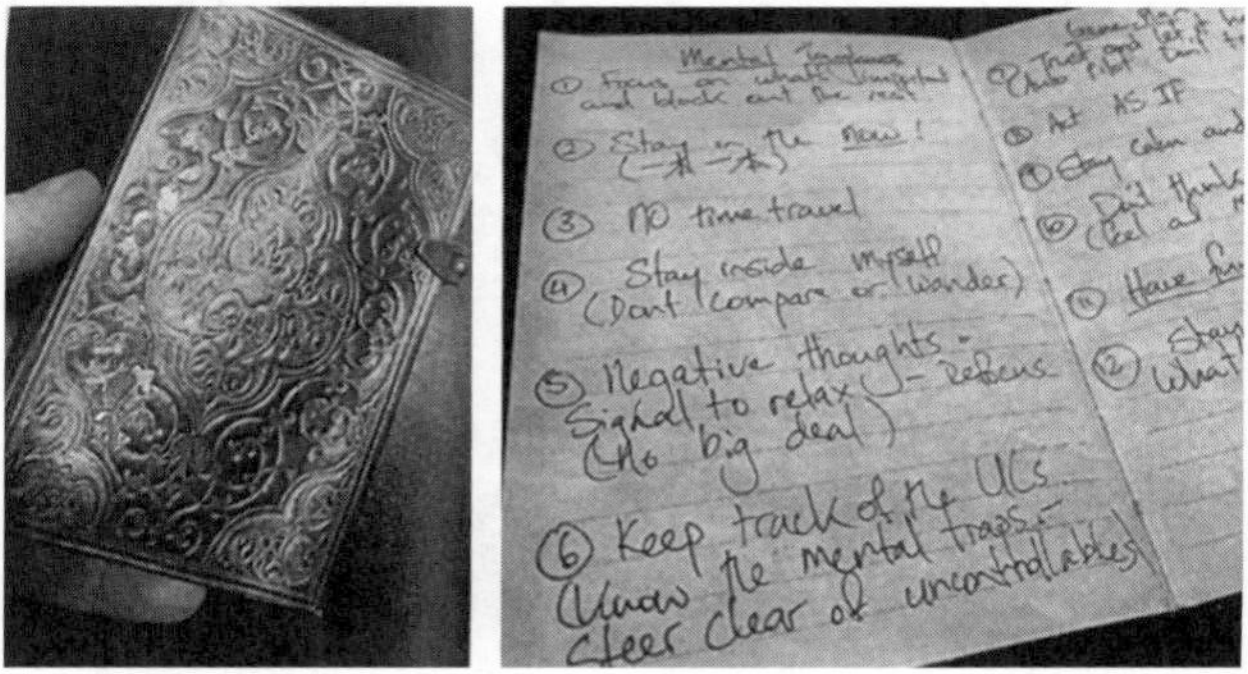

イブル。稽古の前に必ず開き、その日の課題を確認します。

「今日はこの技を試してみる」「メンタル面ではこれに集中する」「襟に注意する」「肩の力を抜く」「筋肉でなく骨で打つ」「スマイル」等々、数え上げればきりがないので、その日集中したい課題をひとつかふたつ選び、稽古のプロジェクトを立てます。課題が多過ぎると散漫になるので、数を絞ることがポイントです。

漠然と考えているより、ノートで整理整頓することで、テーマを絞り込んだ効率的な稽古ができます。稽古が終わった後の達成感も高まります。

真剣にノートを書くようになったのは四十代から。自分の剣道を、競技から武道に切り替えようとしていた時期でした。「うまく行かない。なぜできない？」と試行錯誤を始めた頃です。お世話になっている先生方からは、いろいろな言葉をかけられます。「攻めが効かない」「攻めがきつ過ぎる」など、先生によって反対の言葉をかけられることもあります。どれが正しいのか？　ノートへの書き込みは、情報の整理でもあり、自分への問いかけともなります。

これまで何冊のノートをつけてきたかわかりません。ノートの言葉は修行の足跡。過去のノートを見返すことも稽古のひとつです。

動画に撮って進捗を確認する

その日の課題や目標が達成できていたか？　稽古の進捗の確認に欠かせないのが、動画によるチェックです。私は可能な限りビデオカメラで稽古を撮影して、後から自分のフォームを確認しています。

「この癖はまだ直っていないのか……？」。後から動画を見返すと、そんなふうにがっかりすることの方が多いのですが、ビデオ撮影は稽古にとても役立ちます。自分の本当の姿が見えるからです。

自分の自分に対する印象、セルフイメージは、多かれ少なかれ美化されたものです。そこには「強い自分、美しい自分でありたい」という願望が投影されています。自己評価は、誰でも甘くなるものです。

私も、自分はこれほど面の稽古に力を入れているのだから、まっすぐに面を打てていると思っていました。それを、ある先生から「面の打ちが曲がっている」と指摘されました。いや、絶対まっすぐに打っているはずだ。ところが動画を見てみると、「あ、本当だ……」となるわけです。モニターに映った自分のフォームは、日頃イメージしているものと全く違っていました。

試合の動画を見るのも、とてもよい稽古になります。どのタイミング、どの角度で自分は打たれたのかを、はっきりと確認することができます。

何本もの動画を見ていると、自分の価値観の変化にも気づかされます。四十代までは、自分の試合のビデオを見る時は、「よし、ここで俺の小手だ!」などと、勝った場面ばかりに目が行っていました。できるだけ強い自分を見ようとして、自己満足で終わっていました。

最近はそれが変わりました。まず自分が打たれたところに目が行きます。そして「なぜ打たれたのか?」と、打たれた理由を分析します。勝ちに不思議の勝ちあり、負けに不思議の負け無しです。偶然や幸運で勝つことはあっても、その逆はありません。打たれるのには、打たれる理由があるのです。

武道に限らずスポーツやダンスなどでも、自分の動画を見る時は、失敗したところやうまくできなかったところを確認することです。そして今後の練習の課題とします。ネガティブチェックは悪いことではありません。上達の秘訣《ひけつ》です。

ひとり稽古の時でも、カメラが回っていると、人に見られているような緊張感が生まれます。先生は自分、審判は自分。自分を客観的に見つめ直すための手段として、動画撮影は稽古に欠かせません。

よいモデルを見つけて真似《まね》る

自分のフォームを動画で確認する。セルフイメージと現実のズレを修正していく。この時、よいフォームの基準となるのは、自分の先生や、自分の好きな選手のフォームです。

武道には「模範稽古」というものがあります。先生同士の稽古を、正座して見るのです。稽古のモデルとして目に焼きつけます。

「技を盗む」とも言います。武道家は皆、泥棒です。他人の技やよいものを盗む泥棒です。心が震えるような技、本物の技術に感動し、そこからイメージをつくり、自分の技をつくっていくのです。

抜き胴

武道の伝統的な稽古法は「見取り稽古」と呼ばれる形式で、弟子は師匠の技を「見る」ことで覚えていました。現代の教育のように、理論化して説明することはありませんでした。だから昔の古い先生は「黙ってやれ」と言っていたわけです。私もずっとそういう環境で修行してきました。

武道の稽古では、ケガをした時でも必ず道場に行き、見取り稽古を行ないます。スポーツの場合は、「ケガをしたら自宅で療養」となりますが、武道は違います。

道場で正座して他人の稽古を見ていると、いろいろなことに気づきます。「なんだ、あいつにはこういう癖があったんだな」とか、「彼はこの局面で打って、この局面では下がるんだな」とか、普段の稽古では見えないところが見えてきます。いつもと視点が変わることで、多くの気づきが得られるのです。

模範稽古、見取り稽古は、一種のイメージトレーニングです。よいモデルを見つけて、真似る。ひとつの物事を、さまざまな角度から見る。

「かっこいいから、真似る」というのも、大いにありです。私が得意にしている技のひとつに「抜き胴」がありますが、高校の時に見て、かっこいいと思った技です。相手が面を打ってくるのをかわして、すれ違いざま、胴を打つ。技としてはっきりしているし、ドーン！と音もかっこいい。ちゃんと打てば、一本になる確率も高い。「かっこいい、だから真似したい」。それは誰でも同じだと思います。

そして今は、ネット動画もあります。最新の試合から、過去の貴重な映像まで。見取り稽古に格好の素材が、ウェブ上に溢《あふ》れています。

近年、海外の剣道のレベルが明らかに上がってきているのですが、これはYouTubeの影響です。今は日本の学生大会から、実業団や警察の大会まで、あらゆる試合の動画が上がっています。「どの選手がどういう技を出しているか」と世界中の剣道家が研究しています。そして確実に強くなっています。YouTube先生の影響力は甚大です。もし私の若い頃にネット動画があったら、見取り稽古に使っていたと思います。

三年かけてよい師を探せ

武道では、「三年早く始めるより、三年かけてよい先生を探せ」と言われます。たとえばある癖が、三年かけてついたものなら、それを直すのにも三年かかるわけです。「自分の努力の方向性は間違っていないか？」。それを知るためにはよい先生が必要です。先生は、誰でもいいというものではありません。

武道はある意味で、宗教のような部分があります。自分の先生を心から信用していないと、生涯の修行が続けられないからです。

私の高校時代の、佐野先生との掛かり稽古のように、武道には肉体的、精神的な限界を超える稽古もあります。佐野先生は私を正面から受け止め、そうとはわからないように手加減を加え、私のポテンシャルをアンロック（解除）してくれました。しかし世の中には、行き過ぎた指導で生徒を潰してしまう、未熟な指導者も存在します。

激しい稽古は、当事者の了解の上で行なわれるものです。相手に対する信用がなければできません。私も指導者になってわかりましたが、教える側も、見込みのある相手だからこそ、本気になるのです。

よい先生の見極め方は、まず「自分と気が合うか？」というところ、そして「人格的に尊敬できるか？」というところ、それから「その道の専門家として尊敬できるか？」といった点でしょう。

先生のことを信用できて、尊敬できるなら、後は勝手に努力します。やる気が出て来て、努力が楽しくなります。これは武道に限らず、学校の先生でもスポーツなどのコーチでも同じことでしょう。

そして武道家特有の感覚としては、「この先生なら、安心して身を捨てられる」という信頼関係があります。この独特な「捨身」の感覚については、第三章で改めてお話ししますが、武道の世界には、指導者の側にも「相手に身を捧《ささ》げる」覚悟が求められます。それは「師弟同行」から生まれる深い絆です。師匠の側に「身を捧げる覚悟」があるから、弟子もその覚悟を感じて、厳しい稽古に耐えることができるのです。

そして先生はひとりとは限りません。私の場合、剣道の他に、なぎなた、居合道、銃剣道、短剣道も修行して、また国際的なイベントで通訳として、高名な武道家と知り合う機会に恵まれていることもあり、尊敬できる何人もの先生がいます。

もちろん、そのなかでも特別な先生はいます。「絶対にこの人と同じ道を歩いて行こう。この人からいっぱい技を盗み、武道観も参考にして、自分をつくり上げていこう」と思える先生が。

稽古をしていると、何人もの先生から指摘やアドバイスを頂きます。先生によって言っていることが反対だったり、参考になるアドバイス、そうでないアドバイスもあります。自分に向けられた意見の、すべてを信じてはいけません。

自分に向けられたフィードバックは、パズルを完成させるようなものです。さまざまな形のピースを当てはめてみて、自分の形に合うものだけを残していきます。何をどこに置くか、最終的に決めるのは自分です。向けられた意見をすべて取り入れようとしても、それは無理な話です。

自分で決める時には、自分の判断と同時に「信用している先生の判断」が基準となります。「この考えは、あの先生の考えから外れていないか？　あの先生ならイエスと言うだろうか？」。

自分で決めるためにも、「自分が信用している先生」の存在は必要なのです。いろいろな先生の意見を聞くことは、守破離の「破」の段階で欠かせないものですが、自分の真意たるものは、絶対浮気してはいけないということです。

デジタル世代の指導から学んだある工夫

現在五十代のアナログ世代の人間として、デジタル世代の若者と接していると、今は大きな変化の時代であることを痛感します。

私の印象では「スリーピング、スマホ、スピーキング」の3Sが、デジタル世代の特徴です。学校の授業でも、寝ているか、スマホをいじっているか、私語をしているか。集中力が低く、こちらから具体的な指示を出さないと動きません。彼らと接していると、どこか違う星で生まれた、宇宙人とコンタクトしている気分になります。もちろん、そうでない者もいますが、数が少ないので逆に目立ちます。それがまた悲しいのです。

剣道の指導も、従来の指導法が通用しない時代に来ていると思います。昔の先生のように「何も言わない」指導も、佐野先生のような厳しい指導も、デジタル世代の学生には受け入れるのは難しいでしょう。一九八〇年代、昭和の昔に修行を始めた私は、伝統的な日本武道を体験した、最後の世代かもしれません。

世界的に見ると、海外の剣道人口は年々増加しているのですが、日本の剣道人口は少子化の影響もあり、減少の一途をたどっています。旧来の指導法では、若者の武道離れが加速すると思います。私の愛する剣道を、次の世紀に伝えていくためにも、デジタル世代に対応した指導法が求められています。

デジタル世代の学生は、「なぜ、こうする必要があるのか？」を説明しなければ、動きません。「これをやれば、こういった効果が得られる」と具体的なプロセスを理解すると、その通りに動きます。素直といえば素直で、報酬が約束された段階で行動を起こすようにも見えます。指導者としては常に、彼らが興味を持ちそうなトピックを提供していく必要があります。

海外、特に欧米の学習者は（私が修行を始めた三十七年前からそうでしたが）まず“Why？”から聞いてきます。「なぜ、それをするのか？」。あらゆる行動に説明を求める欧米人のマインドは、今の学生と共通しています。ただ日本人の学生は、自分から“Why？”と聞いてきません。押し黙っているか、「はい」と気の無い返事をするだけです。

自分から質問せず、こちらが説明しても反応の薄い、デジタル世代。剣道の指導で彼らと接しているうちに、わかってきたことがあります。それは「質問をしない彼らは、質問されると結構喜ぶ」ということです。

稽古の後、学生に「今日俺とやってみて、何を感じた？」とか、「俺も今、八段に挑戦しているから、お前のアドバイスをくれ」とか聞いてみると、最初こそ遠慮して何も言いませんが、次の日にまた聞くと、答えを考えてきているのです。

これは私にとって大きな発見でした。剣道では上下関係がはっきりしていて、上の者が一方的にものを言うところがあります。私もそのように学生と接する時もありますが、こちらから質問を投げかけて、相手に考えさせる。このアプローチを取ってみると、リアクションが返ってくるのです。

「お前はなぜ、あのタイミングで打たれたと思うか?」「あの時、俺が何を狙っていたと思うか?」

自分からは質問をしない学生も、このような「逆質問」で課題を与えられれば、自分で考えて、工夫をするようになります。会話もだんだん成立するようになり、オープンマインドになっていきます。「またアレックに聞かれるだろうから、考えておかないと……」。指導者からの逆質問がモチベーションとなり、自分は何を望んでいるのかを考えるようになっていきます。

殻を破る多様性のなかでの学び

よく知られている話ですが、「学ぶ」という言葉は「真似る」から来ています。手本となるものを見て、「自分はどうするのか?」「どうやれば、自分にもこれができるのか?」を考えては、なぞっていく。

剣道部の学生たちを見ていると、人はそれぞれ違うなと思います。同じ剣道をやっているけれど、体格も癖もスタイルも、皆、違う。

強い人もいる。うまい人、器用な人もいる。「正剣」と呼ばれる、オーソドックスな剣道をする者もいれば、「難剣」と呼ばれる、癖のある動きの者もいる。

弱い人や不器用な人もいるけれど、剣を交えてみると、やりづらかったり、手こずるような時もあります。

私も十七歳、剣道を始めて二ヶ月目の合宿で、他校の主将と試合をさせられたことがあります。勝負は引き分けでした。初心者の動きは読めないところがあり、予想外のことをしてきます。鶏のような雄叫びを上げ、無我夢中で突っ込んでくる外国人。相手の主将も、やりづらかったと思います。

学生と稽古していると、高段者との稽古がすべてではなく、誰からも何か学ぶことはあるのに気づきます。人それぞれの癖、タイミング、得意技。どこに力が入っているか、構えはどうか……一人ひとりと向き合い、小さなところに眼を向けていくのも、また楽しいものです。

視野を狭めず、さまざまなレベル、さまざまなタイプの相手と交流していく。多様性のなかで学ぶことは、自分の殻を破るチャレンジになります。

見えないところで努力できるか

世界選手権で優勝するようなトップレベルの選手。剣道のリオネル・メッシと呼びたくなるような、天才的なプレイをする選手。「こいつは将来八段になる」と思わせる、美しい剣道をする学生。剣道の世界にも、センスと才能に溢れた選手がいます。

彼らに共通するのが、「死ぬほどの努力をしている」ということです。皆、死ぬ思いで稽古しています。道場の外や、人が見ていないところでも努力しています。そうでなければ、一流にはなれません。

才能か、努力か？　剣道部の学生も、スポーツ推薦で入ってきたエリート組と、一般入試組に分けることができます。

慢心して、こなすだけの稽古をしている天才型のエリート。部のルーティンに無いトレーニングを自主的に行ない、他校や町道場へ出稽古に行く努力型。

すると、こうした場合、四年後の立場は逆転しています。自分なりの課題を持って、地道な努力を重ねてきた者に、このタイプのエリートはもう勝てません。二年、三年と小さな課題に取り組み、工夫してきた蓄積が、上達の差となって現れるのです。寓話《ぐうわ》の「ウサギとカメ」と同じです。地道に努力と工夫を重ねる者が、最終的には強くなるのです。

早いうちから才能を開花させる人もいれば、遅咲きの才能もあります。何年かかって上達してもよいのです。

大学の剣道部の四年生で、立派な剣道をするけれど、ケガをしてスランプになり、レギュラー落ちしそうな学生がいました。電話してみると、すごく落ち込んでいます。彼は自分の稽古をビデオに撮って分析したり、ジムに行ってウェイトトレーニングをしたり、人の見ていないところでも努力していました。デジタル世代にも彼のような学生はいるのです。

彼としてみれば、四年生ですから、やはりレギュラーになって、大学最後の試合に出たいわけです。でも無理かもしれない。彼のような学生には剣道を続けてほしいから、私は励ましのLINEを送りました。

花は必ず咲く

武道に引退はありません。修行は一生続けることができます。しかし、プロスポーツでもオリンピック競技でもない剣道は、大学を卒業し、社会人になると残念なことに、多くの人がやめていきます。

だから「大学最後の試合に出られないかもしれない」というのは、学生にとっては深刻な悩みです。入部以来、自分で課題を設けて、地道な稽古を続けてきたのに、結果を出せていない彼（Y君としておきましょう）。レギュラーになってもおかしくない実力の持ち主ですが、今は何かがズレているのでしょう。

あまり落ち込んでほしくないけれど、悩むことも成長には必要。それでも「お前のやっていることは間違っていないぞ」と彼に伝えてやりたい。

Y君に送ったLINEには、剣道では花が早く咲く人もいれば、遅く咲く人もいて、私自身は後者だと思っていること。その自覚があるから、今の自分はマイペースで修行を満喫していること。Y君には剣道の素質があること。そしてちょっと遅れるかもしれないが、君の花は必ず咲くから、焦ることはないと伝えました。

「ただ、今まで通り、人よりも努力を続けること。長い人生、お互いがんばろう」と付け加えて。

Y君はとても喜んでいたようです。私としても、見えないところで努力している彼の姿は、大きなインスピレーションとなっていました。「ああ、あいつもがんばってるな。俺も今日休んだらあかんな」と。彼のようなタイプは、ずっと剣道を続けていけば八段になれると、私は思っています。

これも「師弟同行」です。Y君は剣道部のレギュラーを、私は剣道八段を。めざすものは違うけれど、同じ道を歩んでいます。

武道で伝承していくのは、技術だけではありません。「レギュラー落ちしたら終わり」と思い詰めている若者に、先を歩く者として、武道には続きがあること、限界を自分で決めるなということを、伝えておきたかったのです。

第二章　身体の整え方

真剣勝負から生まれた「無心」「捨身」「残心」

剣道の勝負は一瞬です。電光石火、互いの打突が交錯する。高々と上がる「一本」の旗。「え、今、どっちの攻撃が決まったの?」。剣道の試合を見慣れない人にとっては、動きを眼で追えず、勝敗の判別がつかないことも多いでしょう。

トップレベルの選手の、紙一重の攻防ともなるとなおさらです。剣道では、ビデオ撮影による映像判定も採用していないため、きわどい判定の場合、誤審か否かで物議を醸すこともあります。

剣道の勝敗の基準は「一本」のみ。前、柔道にあったような「有効」も「効果」も「指導」もありません。試合時間内に、ルールで定めた行為を「点数」として足し引きしていくゲーム性は無く、「一本」をふたつ取った方が勝ちとなる真剣勝負です。

剣道の「一本」を構成するものは何か? その勝敗を決するまでのプロセスは、「無心」「捨身」「残心」の三つに分かれる円環を成します(図3)。

勝敗にこだわらない「無心」の心構えで相手と対峙する。

驚かず、懼《おそ》れず、疑わず、惑わず、「捨身」の心構えで攻撃する。

図3　剣道の一本

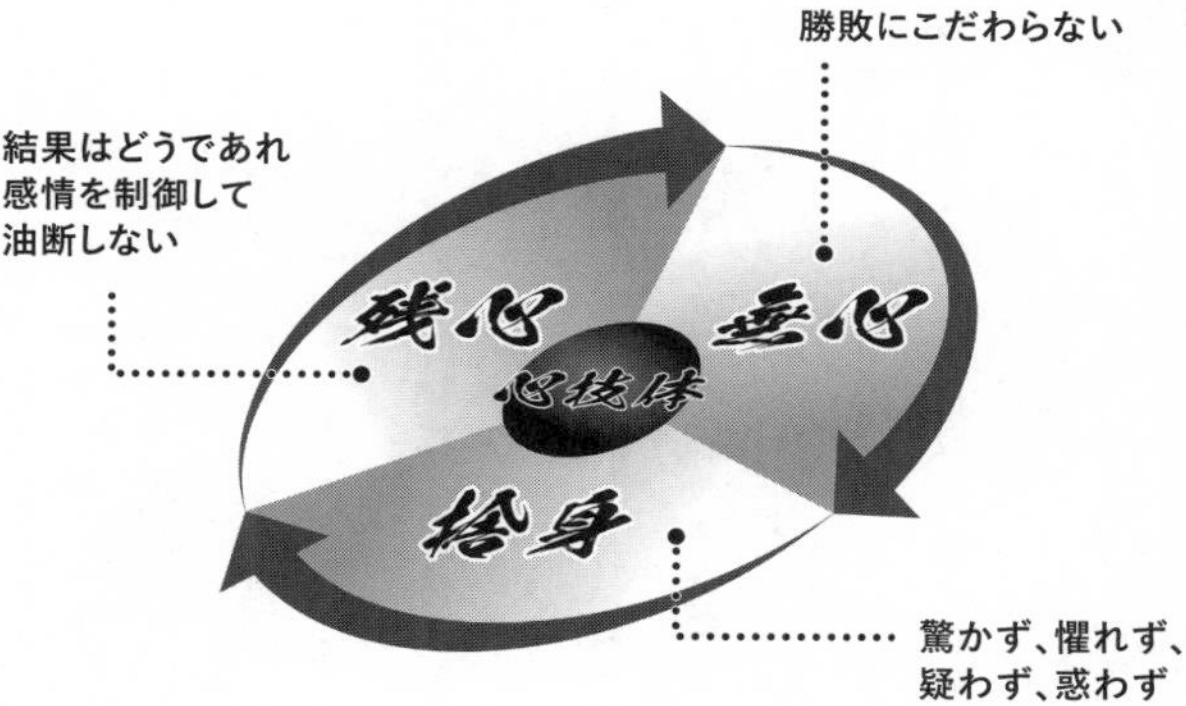

結果はどうであれ、感情を制御して油断しない「残心」の心構えで、相手と再び向き合う。

そして「無心」「捨身」「残心」のプロセスを円環させているのが、「心技体」の一致です。打ち込む時の捨身の一撃は、心と体の一致が生み出すものです。心と体がひとつになった時に生まれる、一瞬の動きです。

この時の「速さ」は、スピードガンで測定できるような物理的速度ではありません。先に述べた、八十歳の剣士による「気づいた時には打たれている」打突も、速度は無くても「速い」のです。その速さの理由は第三章で解説しますが、この速さの中核にあるものが「心技体」の一致なのです。

心と体をひとつにして技を行なう。心技体の一致は、柔道や空手など他の武道でも求められます。

そして剣道の場合、「心技体」は「気剣体」と言い換えることもできます。気（心）と、剣（技）と、体が、一致するように運動する。「心」を「気」に、「技」を「剣」に置き換えることで、剣道の「一本」のプロセスを改めて見てみましょう。

竹刀を日本刀に持ち替えたと想像して下さい。文字通りの真剣勝負、剣道のルーツは侍の剣術です。

斬るか斬られるか、相手に対峙する時の「無心」の心構えは、よく集中し、かつリラックスした気（心）の状態です。

意を決して斬りかかる時の「捨身」は、集中からの瞬時の行動。

勝敗が決した後の「残心」の心構えは、反撃してくるかもしれない相手に対して、集中を持続させること。勝敗が決しても気を抜かず、相手に心（注意力）を残して構えます。こうして再び「無心」へとループしていきます。

野球やサッカーなどのスポーツ競技にも、心技体の一致したプレイや、捨身のプレイはあります。しかし「一点」を取るためのスポーツのファインプレイと、剣道で「一本」と認められる気剣体一致の打突は、歴史的な背景も、技術的な方法論も、全く異なるものです。

剣道の「気剣体の一致」のルーツは真剣勝負にあり、「無心」「捨身」「残心」も真剣勝負か

捨身技

ら生まれた心構えなのです。

気剣体一致のワーク

剣道の中核となる「気剣体の一致」は、基本の素振りにも含まれています。竹刀を使わず、その感覚を体験できるワークがあるので、やってみましょう。手刀で素振りの動きを行なう、「正面打ち」という稽古法です。

まず立ち方。両足を揃《そろ》え、背すじを伸ばして立ちます。つま先を前に向けたまま、左足を外側へ、拳一個分の間隔に開きます。そこから左足を一歩後ろへ下げます。目安としては、右足の踵《かかと》のラインに、左足のつま先が来るように。左足の踵は床に着けず、二〜三センチ浮かせます。右足の踵も一センチほど浮かせます。

上半身は、軽く脇を締めて腕を伸ばし、合掌の形で両手を合わせて、へその前あたりに下ろします。目線は前へ（①）。これで構えはできました。

②そこから腕を頭上に振りかぶり、③左足で地面を蹴って、「めん！」と声を出しながら一歩前進、同時に腕を下ろします。腕は顔の高さで止めます。これで素振りの一挙動となります。

注意点としては、両足の間隔をキープすること。蹴り足は左ですが、先に右足が前に出るの

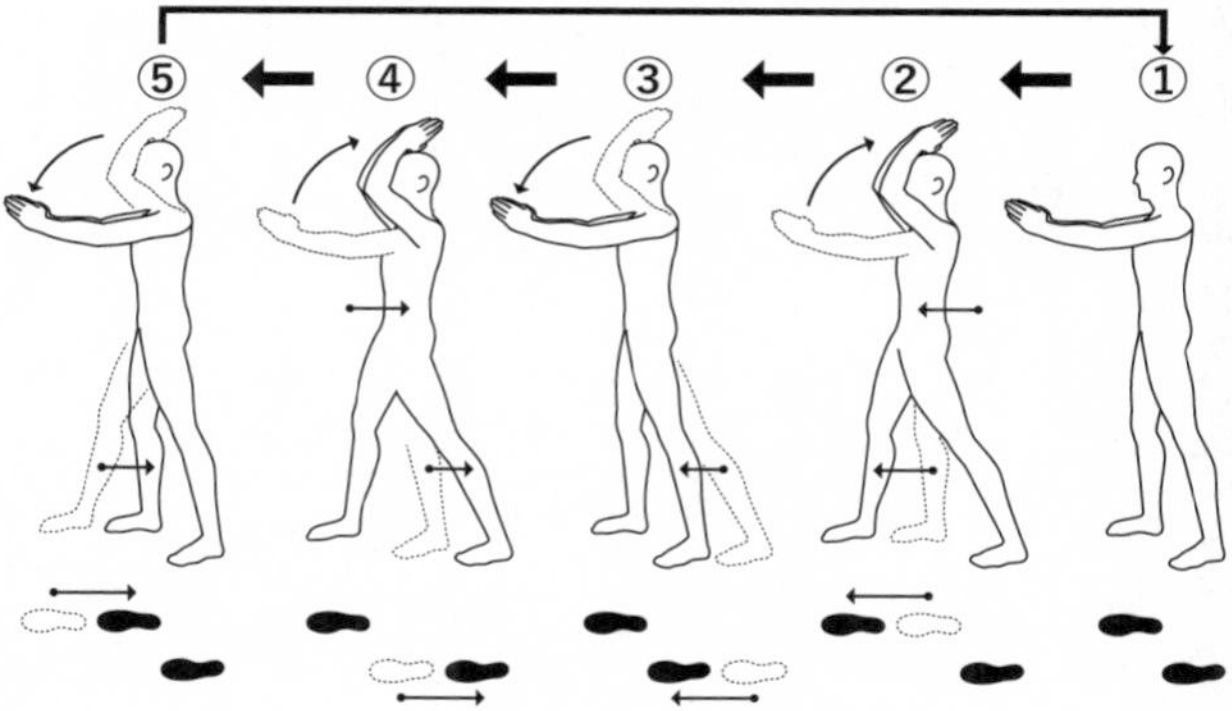

で、右足に左足を引きつける要領で前進します。この時、左足のつま先が、右足の踵より前に出ないように。そして踏み出す時に足を床に平行で浮かせない。踵から着地しない。この「送り足」と呼ばれる足さばきは、剣道で最もよく使われるフットワークです。

前進の次は後退です。④腕を振りかぶり、⑤今度は右足で地面を蹴り、左足に右足を引きつけて、一歩後退。同時に「面！」と腕を下ろします。最初の立ち位置に戻っています。

この動きに竹刀を付けると、第一章でお話しした「前進後退正面打ち」の素振りになります。初心者のうちは、竹刀を持つと手元ばかり意識して、全身のバランスが狂うので、この正面打ちは、素振りのよい稽古になるのです。

実際にやってみると、慣れない姿勢で動きづらいかもしれません。手足の動きと「めん！」の声も、なかなか合わないと思います。剣道の稽古ではこの動きを繰り返すことで、「足さばき」（体）と「発声」（気）と「剣の振り下ろし」（剣）、すなわち気剣体を一致させていきます。

武器と体をひとつにする。剣道の稽古は、心技体を組み合わせた総合的な鍛錬です。そのためスポーツ以上に、正しい姿勢、正しい発声（呼吸）が要求されます。姿勢と呼吸から生まれる高い集中力で、心技体を一致させていく。百回、千回と行なう素振りも、そのための稽古です。

現代人の多くは、心と体の動きが一致していません。手足の動きもばらばら、心と体もばらばらで、集中力とバランスを欠いています。この正面打ちのワークには、五体をひとつにまとめて、心身の動きを一致させる効果があります。心と体が一致した時の「冴《さ》えた感じ」を体験して下さい。

構えとは不自然なもの

現代剣道の形や技術、そして哲学は、一刀流や新陰流に代表される近世の剣術を元にして、明治から昭和初期にかけてつくられました。

正面打ちのワークをやればわかりますが、剣道の構えは不自然で動きづらいものです。右手右足前になります。この動きは普段の生活のなかでは珍しいものです。私も初心者の頃は、ものすごく不自然な体勢だと感じました。体の向きと歩幅を型にはめられ、竹刀を持つことで両手の自由も奪われる。バランスの悪い体勢で、チャレンジングな動作を要求される。かつて体験したことのない、不自由な感覚でした。

剣道の構えは、日本刀を使う戦闘においては、この上なく合理的ですが、それゆえに人工的で不自然なものなのです。「自然体で」とよく言いますが、剣道の自然体は、生まれついての自然な姿勢ではありません。制約のなかで、決められた動きを繰り返すことで、不自然な動作を自然な動きにしていくのです。

先ほどの正面打ちでは、左足が後ろで、右足が前でした。ここに竹刀が加わると、柄を持つ鍔《つば》側の右手が上となるので、さらに右手が前に来ることになります。右肩が前に出た姿勢で、腰を中心に、体に左右のインバランス（不均衡）が生じます。

長年この姿勢で稽古を続けていると、腰にかかる負担が蓄積していきます。私は今のところ大丈夫ですが、この先、七十、八十代になった時、腰痛などの不具合が生じるかもしれません。

伝統的な剣道の指導法では推奨していませんが、私はウェイトトレーニングと登山で、左右均等に体を使い、全身のバランスを調整しています。

そしてなぎなたの稽古です。なぎなたは剣道とは逆に、左足を前に構えます。そこから左右どちらにも体を使っていくので、インバランスが生じません。

歳を取っても稽古が続けられるように、先を見据えた体づくりをする。これも工夫のひとつです。

五十三歳で姿勢を正される

私は十代から武道の修行を続けてきていますが、三十代以降は「人の体には十年ごとに大きな変化が訪れる」と実感しています。本当に見事に十年ごとに、何かが決定的に変わっていきます。

たとえばお酒の量。私の場合、五十代に入ってから、飲める量がだいぶ減りました。昔はいくら飲んでも問題ありませんでしたが、今は飲み過ぎると、次の朝容易に起きることができません。ですから、つきあいがある時は仕方ありませんが、最近は週に一日か二日、嗜《たしな》む程度に飲むようにしています。

五十肩にもなりました。右腕に痛みを感じて、病院に行ったものの、異常は見つからず、注射を打っておしまい。それでも痛みは続き、寝返りを打つと目が覚めるほどだったので、精密検査を受けました。ＭＲＩ（磁気共鳴画像）を撮影すると、右肩の軟骨が癒着していて、五十肩と診断。痛みが治まり、腕が上がるようになるまで、一年近くかかりました。

加齢による体の変化には、はっきりと自覚できるものもあれば、自分ではわからないものもあります。

先日の稽古では、お世話になっている先生から「襟に気をつけろ」と言われました。姿勢が悪くなっているから、稽古着の襟を常に意識しろと。

自覚は無かったのですが、首が前に出て、姿勢が前傾しているようです。最近視力が落ちてきたこととも、関係しているのかもしれません。まさか五十三歳になって、姿勢を注意されるとは思いませんでしたが、やはりそのようにして、体は衰えているわけです。

日頃の稽古で、相手との間合が近くなっていることは感じていました。剣道では「一足一刀」といって、一歩踏み込めば打てる間合が、原則となります。先ほどの正面打ちのワークで、一歩進んで腕を振り下ろした、あの間合です。一歩進めば攻めとなり、一歩退がれば相手の攻めを外すことができる。間合とは、相手との絶妙な距離感です。

一足一刀の間合も、年齢と共に変化していきます。加齢に伴い足腰は衰えるので、前に踏み出す力も弱くなります。一歩前に出ても、相手に届かなくなるのです。よって、より相手に近い位置から、スタートする必要が出て来ます。そのため歳を取ると誰でも間合は近くなるのですが、そうすると攻めが効かなくなるという問題が出て来ます。詳しくは次章で解説しますが、近過ぎる間合では、「先に打たせておいて打ち取る」といった、武道の技術が使えなくなるのです。

五十代に入って、私の足腰も少し弱くなってきました。膝の踏ん張りが利かなくなり、ふくらはぎの肉離れも起こりました。間合は剣道の命なので、これ以上近い間合にならないように足腰を鍛え直しています。ウェイトトレーニング、ストレッチングと登山。また足の踏み込みと引きつけを意識して、打ち込み稽古を集中的に行なっています。

そして先ほど先生に指摘された「襟」です。稽古着の襟を意識することで首を伸ばし、前傾した姿勢を正します。姿勢が正しければ、それにふさわしい身構えができます。身構えが変わると、間合の取り方も変わり、相手を打ち切る強さが出て来ます。姿勢という「体」の要素を整えることで、気剣体が一致するのです。反対に、姿勢が崩れるとすべてが崩れていきます。

襟に気をつける姿勢は、ワイシャツを着ていてもできます。第二ボタンまで外して、隙間のできた後ろ襟に、うなじを付けてみて下さい。うまくできない人は、あごを軽く引くと、頸椎《けいつい》が伸びて、うなじも伸び、襟に近づくはずです。背骨は一本に並んでいるので、頸椎が伸びれば、背骨全体が伸ばされます。姿勢がよくなると、視野が広くなり、頭も冴えてきます。

動きの鍵を握る発声と呼吸

気剣体一致の鍵を握るのが、「面！」「面！」といった発声です。剣道では、声は「気」を表します。声の出し方によって、技が生きるか死ぬかが決まるのです。

腹の底から出る「面！」は気剣体一致の一撃となり、喉だけで出している「面……」は、技も声も死んでいます。

ですから特に初心者のうちは、「もっと声を出せ！」と、くどいくらいに注意されます。私は最初、声を出すことが、稽古のなかで一番恥ずかしいことでした。大きな声を出して体を動かすことに慣れていなくて、発声ができるようになるまで非常に苦労しました。

呼吸を意識しながら動作を反復することは、スポーツの練習でも行ないますが、そこに声までシンクロナイズさせるのは、剣道や古武道くらいではないでしょうか？

素振りの稽古でいえば、「構え」と「足さばき」と「剣の振り下ろし」を一致させることをめざすわけですが、「めん！」の一声で、すべての動作をひとつにまとめるのです。これにはリズムや拍子の要素も含まれているのですが、リズムと拍子については第四章で解説します。

剣道には発声が欠かせません。そのことは、コロナ禍で改めて思い知らされました。二〇二二年、社会的なアフターコロナの動向に沿って、各地の剣道場でも稽古を再開するようになりました。

全剣連（全日本剣道連盟）の方針により、「マスク着用、接近戦の鍔競り合いは無し、発声も無し」との取り決めで、稽古をすることになりました。

マスクを着けることは、不自由なことです。しかしもっと不自由だったのは、声を出せないことでした。「今だ！」と絶妙のタイミングで打ち込んでも、技が決まらないのです。やりづらそうなのは相手も同じで、懸命にやっているのは伝わってくるのですが、動きがちぐはぐで、空回りしています。気剣体から「気」を抜いた剣道。あれほど難しいことはありませんでした。

声は呼吸と繋《つな》がり、心と体とも深く繋がっています。「面！」「胴！」と声を出して稽古することで、体が鍛えられ、技が磨かれ、鍛え上げた体と技からは、強い声が放たれます。身構えができて、足腰が強くなると、下半身が安定してきます。下半身が安定すると、腹から声が出せるようになります。

また、掛かり稽古で限界に挑む時も、「ウワーッ！」と全力で声を出すことで、思ってもみなかった力が出て来ます。これは「神風の声」といって、腹から声を絞り出すことで、内臓の力を鍛えていくのです。「ガッツがある」と言いますが、ｇｕｔ（腸）が語源です。

剣道の試合時間はだいたい、四、五分で、試合形式の地稽古と、その延長線上の掛かり稽古も、平均三分から五分くらいです。掛かり稽古の三分間は、向かっていく打太刀の側にとっては、とてつもなく長い時間です。何をやっても通用しない、打たれてもいいから向かっていく。息が上がり、声も出なくなります。そこで稽古をつける元立ちが、「声を出せ！」と叱咤《しった》激励します。

不思議なもので、ここで大きな声を出すと、呼吸が整い、気合が入り、態勢を立て直すことができるのです。気力が回復して、「もう一本」「もう一本」と持続時間が延びていく。長い時間で十分、最長で一時間に及ぶこともあります。

そのように稽古を重ねていくと、「自分の声」ができていきます。積極的に声を出すことで、攻めのリズムを整え、圧力をかけ、ここぞのタイミングで打ち込むことができるようになる。

また相手の声を聞くことで、その人の力量や気分も察知できるようになります。発声は、相手とのコミュニケーションをはかるための「剣道の言語」でもあるのです。原始的であって、相手あっての行為で「意思伝達」「感情表現」「情報交換」の役割を果たし、自分勝手のものではありません。

声は、大きければよいというものではありません。年配の先生などは、声はそんなに出しません。「はっ」と息をつくような静かな声で、それでもインパクトがあります。無声に近いけれど、気ははっきりと伝わってきて、うかつに近づくことができないのです。

ケガを防ぐためのトレーニング

毎年、大学の健康診断を受けているのですが、四十代半ばまでは、近くの医大の研究者が来て、データ収集を兼ねた筋肉の測定を行なっていました。ダ・ヴィンチの人体図のような図像で、全身の筋肉の量や状態を知ることができます。

私の体は、筋肉質で筋肉の量はあるのですが、右半身と左半身でかなりの偏りが生じていました。剣道の構えで、体の左右のインバランスが生じる話をしましたが、この時の測定を機に、本格的にウェイトトレーニングを始めることにしました。七十、八十代に備えて、身体のバランスを取り戻し、体のメインテナンスを行なうためです。

武道の世界には、ウェイトトレーニングや筋トレに対する偏見やアレルギーがあります。曰《いわ》く、「武道に筋肉はいらない」「伝統的な稽古だけやっていればよい」。

筋トレに反対している人は、筋トレを「パワーやスピードを強化するためのもの」、あるいは「ボディビルダーのような体をつくるためのもの」と思っている節があります。

私にとっての筋トレは、体をメインテナンスするためのものであり、ケガを防ぐためのものです。稽古を生涯続けていくために不可欠な、補助的な運動とみなしています。

実際にウェイトトレーニングを行なってみると、武道の稽古ではできないような負荷をかけることができるし、身体の左右差が整うにつれ、器用に体を使えるようになり、ケガもしなくなりました。

ウェイトトレーニングも武道の稽古と同様、基本のフォームの習得と、目標の設定が不可欠です。間違ったフォームや、誤ったマシンの使い方は、ケガや事故に繋がり、不適切なトレーニングメニューは、不要な筋肉をつけて、かえって動きを損なうことになります。学生を見ていても、自己流の危ないトレーニングをしている者がいますが、ウェイトトレーニングを始める時は、必ずトレーナーの指導を受けて、明確な計画を立てることです。

私の場合はありがたいことに、剣道仲間にロシアのパワーリフティングの選手がいたので、専門家から基本を教わることができました。彼は剣道の構えにも非常にうるさい人なので、「どの部位をどのように鍛えるか」について、明確に指針を示してくれました。

四十代から始めたウェイトトレーニング。だいたい週三回ジムに通い、ベンチプレス、ショルダープレスなどの基本メニューをこなしていますが、最近は膝とふくらはぎの不具合が目立つので、デッドリフトとスクワット、そしてフロントスクワットを重点的に行ない、下半身と体幹を鍛えています。

ウェイトトレーニングと武道には、共通点があります。それは「構えと呼吸がすべて」というところです。ウェイトトレーニングでは、フォームをわずかに変えるだけで、それまで上がらなかったウェイトが、いきなり上がることがあります。

たとえばデッドリフト。私は、百二十、三十キロなら余裕を持って、何度も上げることができましたが、百六十、七十キロになると、一回上げるのが限界でした。それがフォームを少し変えてみると、「あれ、上がった?」と一気に限界を超えていました。そして同時に、重いウエイトを上げるための、ちょっとしたコツもつかむことができました。

フロントスクワットは、通常のスクワットより難易度が高く、体幹とバランス感覚を鍛えるのに最適です。肩にシャフトを担いで行なう通常のスクワットと比べて、胸の前でシャフトを支えるため、体幹により大きな負荷をかけることができます。高重量になるほど、わずかなフォームのズレでバランスが崩れるので、正しいフォームを追求することで、微妙なバランス感覚が養われていきます。

ウェイトトレーニングの面白いところは、力ではないところです。構えとテクニックと呼吸がすべて。筋力ではびくともしない高重量のバーベルも、息を吐きながら姿勢とタイミングで上げることができます。筋トレのなかにも、「力を抜く」「上半身と下半身を連動させる」など、稽古を工夫するためのヒントが隠れているのです。そして、トレーニングの後は、絶対にストレッチを忘れてはなりません。

山登りで足腰のバランスを鍛える

筋トレ同様、ランニングやジョギングも、武道の世界では「不要」と考えている人が多いトレーニングです。私も実は、走ることが大嫌いなのですが、それでも走るようにしています。

最近は、若い頃よりペースを落として、時間のある時に四十分くらい、ゆっくりペースのジョギングをしています。剣道の足さばきを意識しながら、ジョギングというよりは、早歩きに近いペースで行なっています。

走ると走らないとでは、やはり稽古での足さばきが違ってきます。特に四十代以降は、少しでも走っておくと、稽古でも思うように足が動きます。

剣道では「すり足」といって、床板を裸足で擦《こす》るように移動します。高いバランス感覚が要求され、八段の先生などは音もなく近づいてきます。

ですから足さばきも、基本的に道場の稽古で身に付けるものです。道場によって床の状態は異なりますが、よく滑る床と、そうでないものがあります。滑りやすい床は、稽古しづらいのですが、足さばきを学ぶには一番です。

足が滑るのは、全身に余計な力が入っていて、バランスが悪く、スムーズな体重移動ができていない証拠です。滑らない工夫をしていくことで、足さばきが上達し、気剣体の一致もレベルアップしていきます。

床は道場の命です。国の重要文化財である京都の武徳殿《ぶとくでん》や、私がよく稽古していた国際武道大学の剣道場は、結構滑る床で、よい稽古ができます。今までで一番滑りやすかったのは、慶應義塾大学の剣道場で、氷の上で稽古しているようでした。私も自分の道場を建てる時には、床にお金をかけたいと考えています。

歴史を振り返れば、板張りの道場で剣の稽古をするようになったのは、江戸時代以降です。もともと武道は、戦の世界で生まれたもの。ぬかるんだ田んぼや沼地、険しい山道など、場所を選ばず、天候を問わず、屋外のさまざまな環境で戦っていました。

私が何よりも好きなのは山です。大自然のなか、イレギュラーな地形で、全身を鍛えることができます。霧で前が見えないこともあれば、雨で足が滑る危険性もあります。岩を登る時、どこに足を入れて、どのように体を乗せていくか？　うっかり足を滑らせたら、滑落するわけですから、感覚も研ぎ澄まされます。

私の友人に、日本の百名山を制覇した山好きがいて、最近は彼と一緒に、二週間に一度の頻度で、日本各地に行っています。

先日は標高二千七百六十九メートル、南アルプスの赤岩岳へ行きました。通常なら六日間、合計六十二キロのコースを三日間で踏破。かなりハードな行程でした。テントも担いでいったので、荷物の重量も十六キロくらいあります。私としては、もう少し楽しみながら、山を見て歩きたいのですが、友人のペースが尋常ではありません。ほとんど登山の掛かり稽古です。

武道三十数段の理由

なぎなた、居合道、銃剣道、短剣道。剣道の他にも、私は複数の武道を稽古しています。すべての段位を合わせると、三十数段になります。海外の武道愛好家のなかには、「技のコレクター」や「段位のコレクター」と呼ばれる武道オタクもいますが、私はなにも武道のコレクシヨンをしているわけではありません。

なぎなたと居合道に出会ったのは十九歳、一九八九年の再来日の時でした。千葉県勝浦市の国際武道大学で開催された日本武道館主催の「国際武道文化セミナー」に参加した私は、同大学が半年間以上の短期留学生を募集していることを知り、そのまま勝浦の同大学のアパートで、半年間の留学生活を送ることになります。国武大では剣道の実技と講義を選択し、教授で武道教育の第一人者、故・小森園正雄《こもりそのまさお》先生や岡憲次郎先生の指導を受けることができました。

留学期間終了後、当時まだ大学に進学していなかった私は、日本での就労ビザの取得に苦労します。そんな折、兵庫県伊丹市にある全日本なぎなた連盟が、国際なぎなた連盟結成に向けて、英語と日本語の通訳を募集していることを知りました。渡りに船、その年の十二月から、私は伊丹の連盟事務所で働くことになります。

事務所の近くには、江戸時代から続く「修武館」という道場があり、剣道の他、なぎなたと居合道も指導していました。そこで私は、古武道の天道流薙刀術《なぎなたじゅつ》、伯耆流《ほうきりゅう》居合術と、現代武道の居合道の稽古を始めます。

なぎなた師範の故・美田村《みたむら》武子先生を始めとして、修武館では女性も高齢者も稽古していました。そして立ち合うと、やはり勝てないのです。十九歳の私は、年齢や性別、体格の壁を越えて生涯続けられる武道の魅力に、大いに触発されました。

翌九〇年、国際なぎなた連盟が結成されると、私は帰国して、ニュージーランドの大学に入学することになりますが、帰国までの一年間、剣道でも三段を取得し、範士九段の故・鶴丸壽一先生と範士八段の故・村山慶佑先生に、直接稽古をつけていただく機会にも恵まれました。

大学卒業後の一九九五年、私は国費留学生として、京都大学の大学院に留学、三たび来日することになります。九〇年代は武道の国際化が始まった時期で、剣道や銃剣道などでも、国際的なイベントや海外でのセミナーが、多数企画されるようになりました。私はこれらの催し物に、通訳として参加することになります。

私がなぎなたや銃剣道など、複数の武道を修行し、高名な先生方の指導を受けることができたのは、この時期に結ばれた縁によるものです。国際的なイベントには、トップレベルの武道家が、ゲストとして招かれます。普通なら指導してもらえないような、偉大な先生方と知り合う機会を得て、私は本当にラッキーだったと思います。

クロストレーニングは能力を拡大する

複数の武道を修行することは、一歩間違えると、どれも中途半端な稽古となるデメリットがあります。ですが剣道なら剣道と、自分の中心とするものをしっかり定めておけば、得られるメリットの方が大きいと私は考えます。

なぎなた、銃剣道の木銃、短剣道の小刀。武器によって、間合も違えば、体の使い方も微妙に違います。武道という共通項を持つもののなかで、複数の異なるアプローチを取ることで、自分の剣道の技術を、多角的に点検することができます。剣道一本ではできない工夫ができるようになり、身体能力の可能性を広げてくれるのです。

「剣道対なぎなた」「剣道対銃剣道」といった異種試合も、よい経験となります。なぎなたも銃剣道の木銃も、リーチで竹刀に勝り、攻撃パターンも剣とは大きく異なります。同じ段位の対戦なら、剣道家がたいてい負けます。「どうすれば他の武器に勝てるか？」。その研究が工夫に繋がります。

日本では「多芸は無芸」と、何かひとつに専念する一本主義を重んじる伝統があります。ただ最近は、大谷翔平《しょうへい》のような「二刀流」の選手がメジャーリーグで活躍し、スポーツの練習でも、複数の競技を横断的に練習するクロストレーニングが一般的になってきました。

私の母国のニュージーランドでは、季節ごとに複数のスポーツを行なうことは普通でした。週に二、三回しか練習しないので、私も高校時代、サッカー、テニス、バスケットボール、バレーボール、クリケット、そして弁論部と、六つの部活に所属していました。

それぞれ週一〜二回の活動日で、たとえばサッカーが月曜と水曜、バレーが火曜と木曜、バスケットが土曜といった具合です。大きなボールから小さなボールまで使うことができて、手と眼のコーディネーションや、体の使い方など、球技全般に共通する運動神経が養われます。毎日サッカーをやらなくても、他の球技をやることで、サッカーもうまくなっているのです。

一九九六年に、国のラグビー代表チームのオールブラックスがプロ化するまでは、ラグビーの代表選手が、同時にクリケットの代表選手であることも珍しくありませんでした。

異なるジャンルのクロストレーニングを行なうことで、その人の基本的なパフォーマンスが向上し、その人独自の多様性が開花します。それは武道でもスポーツでも、学問や芸術でも同じことではないでしょうか。

私の場合、武道の稽古が、研究という仕事に直結しているので、特殊な例だとは思います。普通にビジネスパーソンの仕事をしていたら、四つも五つも掛け持ちすることは無理でしょう。それでも自分が熱中できること、興味の持てることならば、ひとつと言わずに、ふたつみっつやってみればよいと思います。バランスよくそれぞれをこなし、多角的な視点を持つことで、自分のキャパシティを掛け算のように広げることもできるはずです。

力が抜ければ飛躍する

真剣、もしくは模擬刀で行なう居合道の稽古も、武道のクロストレーニングには欠かせないものです。竹刀競技を行なう剣道家が、刀の使い方を学ぶために、一九六九年、全日本剣道連盟によって七本の形が制定され、その後二回の追加を経て、現在は十二本の居合の形があります。

振る時の重み、刃筋のライン。竹刀と居合刀では感覚が全く違います。竹刀稽古だけを行なっていると、どうしても「斬る」というより「当てる」感覚になります。そのため、打突がどんどん軽くなっていきます。相手を打つ際、「打ち切る」ことができなくなります。

居合道の形は、古流の居合術を基につくられており、実戦のさまざまなシチュエーションを想定したものとなっています。

座った状態から立て膝になり、鞘《さや》より抜刀。前後左右の敵をイメージして、突き刺す、斬り下ろすなどの技を繰り出し、残心を示しながら血振り、納刀となります。

ひとりで行なう居合道は、一種のイメージトレーニングとも言えます。しかし剣道の立ち合いと同じ意識で、真剣に行なえば、息が上がり、汗だくになります。終わった後に、めまいがするほどです。居合の稽古では、対人稽古と同じ集中力が求められます。

「腕力は使わず、刀の重さで斬る」。これは刀を振る時の鉄則ですが、居合刀で稽古をすると、その要領がわかってきます。肩の力が抜け、刃筋が通っている時のスイングは、ひゅっと音が鳴ります。

「カミソリの切れ味にナタの重さ」とも評される日本刀は、平均して重さ一キロ、長さ七〇センチ。よく考えれば、刀で人を斬るのに力はいらず、竹刀を振る時も、刀と同じ要領で振ればよいのです。力が入るのは手の内を使ってインパクトの瞬間だけ。

竹刀でも、力が抜けている時の打突は、音が違います。パーン！と爽快な音がします。直感的に「一本」とわかる音です。強い先生の打突にも、やはり力は感じられません。それでも振りが速く、打たれると響きます。痛くはないのですが、体の芯に響いてきます。力が抜けているので、技に「冴え」があるのです。

力を抜いて打つためには、正しい姿勢で立つことが前提となります。足腰と体幹が安定した状態で、肩の力を抜き、竹刀の重さで振り下ろします。

これは「上虚下実」の姿勢といって、腰から下が安定していれば、全身に気力が充実し、肩や腕に余計な力が入らなくなるという、東洋的な身体観です。

上虚下実は、自然体にも通じるもので、こと武道において「力を抜く」とは、全身の筋肉を一様にゆるめることではありません。下半身を安定させることで、上半身の力が抜けるのです。相手と対峙すると、「打たれたくない」との緊張感から、肩に力が入ります。ここで息を抜き、肩の力を抜くと、少し怖くなります。力を抜くことでガードをゆるめたわけで、そこから恐怖心が湧いてくるのです。

しかしこの恐れを凌《しの》げば、速く動けるのです。肩から余分な力が抜け、動きを阻害するものが消え、体が自由に動きます。心と体は繋がっているのです。

真剣勝負のなかで力を抜くことは、決して易しいことではありません。だからこそ、この壁を越えれば、その人は大きく飛躍します。

そして「力を抜く」にも、大小いくつもの段階があります。八段をめざす私にとっても、「力を抜く」ことは大きな課題です。

「アレック、お前は力が入り過ぎている。剣道に力はいらない」。これまで何度、言われてきたことか。この課題については、第四章で改めて取り上げます。

ケガした時の工夫

五十肩で、右肩を上げることができなかった一年間。私は逆二刀の構えで、稽古をしていました。動かせる左手に大刀を握り、上がらない右手には小刀を。片手で左上段に構え、中段に据えた小刀で間合をはかる。これならば右肩が上がらなくても、剣道の稽古ができます。なお二刀といった場合は、右に大刀、左に小刀という編成になります。

剣道では、高校生以下の二刀の試合を禁止しているので、日本での二刀の実践者は少ないです。ですが二刀は海外で人気があり、試合でもよく目にします。

二刀では短い小刀で間合を取ります。普段の剣道しか知らない相手にとっては、慣れない間合です。目の前の小刀ばかりを意識して、隙が生まれます。

そこに上段から大刀を振り下ろせば、ポン！と面が入ります。一刀しか知らない者にとって二刀は間合が取りづらく、両刀遣いは煙たい存在です。

しかしやはり二刀は難しい。同じく小刀を使う短剣道の間合とも違うし、片手で竹刀を構える「片手上段」の間合とも違います。私にとっても二刀は、研究を始めたばかりの課題です。

剣道の二刀のルーツは、宮本武蔵の二天一流兵法とされています。私も以前、武蔵の兵法書である『五輪書』の英訳と日本語新訳を手がけましたが、研究者のなかには、二刀を使うのは稽古の手段で、実戦で武蔵は二刀で戦わなかったという説を採る者もいます。

武蔵が二刀で稽古したのは、片手で太刀を振る訓練のため。そして「使えるものは何でも使う」という合理的なマインドによるものであると。

太刀と脇差、武士は二本の刀を差していました。馬上で戦うこともあれば、槍《やり》や弓を片手に戦うこともありました。そのような時、刀は片手で持つことになります。負傷で片腕しか使えない場合もあったでしょう。

武蔵は『五輪書』でこのように言います。

太刀は片手で操るのであって、両手で太刀を構えるのは、実の道ではない。

続けて武蔵は、片手で太刀を振ることに慣れるため、もう片方の手で脇差を振れと言います。片手で長い太刀を、もう片方の手で短い脇差を振ることで、左右のバランスを取りつつ、刀のコントロールを覚える。これもひとつのクロストレーニングです。

武器の選《え》り好みをしないことや、持っている武器は残さず使うことも、武蔵は勧めています。長い武器でも勝ち、短い武器でも勝つ。太刀が使えなくなったら、脇差を使えばよいではないか。実に合理的な発想です。

二刀を下段に構えた武蔵の肖像画があります（図版「紙本著色宮本武蔵像」）。重心が安定して、かつ居着くことのない足。肩の力は抜け、目元は微《かす》かにゆるんでいる。あれが武蔵の「自然体」だと、私は思います。英語で言えば“natural standing position”、自然な立ち姿です。

あからさまに構えてはいないけれど、気持ちとしては構えている。いつでも、どこでも、何に対しても対応できる。あの絵の武蔵には、そのようなオーラを感じます。この章の最初に示した図でいえば「無心」であり、「残心」を含んでいます。そしていつでも「捨身」になれるでしょう。

宮本武蔵肖像

武蔵のレベルまで行けば、自然体のままでアイスコーヒーを飲み、手にしたストローで勝つこともできるでしょう。稽古と日常の区別が無い、いつでも動ける身構えです。

日常のなかにも上達の鍵はある

稽古と日常生活のギャップを埋めていく。そのために私は道場の外でも、剣道のことを考えた体の使い方をしています。歩く時も姿勢や歩き方に気をつける。足腰を鍛えるためにエスカレーターは使わず、階段を上る。私の研究室は七階にありますが、階段で上り下りをしています。同じことを考えている教員はいて、よく階段ですれ違います。

電車に乗る時も吊革《つりかわ》につかまらず、揺れに対して、サーフィンのようにバランスを取ります。普段乗らない電車に乗る時は、揺れもイレギュラーなので新鮮です。

夜、ベッドに入る時も、理想的なフォームをイメージして、眠りにつきます。夢のなかで稽古している時もあります。

片時も武道のことを忘れない私ですが、休息もやはり必要です。

以前は、週に七日は道場に通って「二部練」していましたが、今は週に一日、何もしない休息日を設けています。日頃、稽古とトレーニングで負荷をかけ続けている体を休ませ、テレビを見ながらストレッチをしたり、近所の温泉やマッサージで体をほぐしたり。家族と楽しい時間を過ごし、ゆったりと英気を養っています。友人で八段審査に合格した精神科医が言うところの「セルフ・コンパッション」（自己慈愛）です。

そして毎日の規則正しい生活。睡眠は八時間取り、朝稽古のため午前六時に起床し、夜は十時に就寝します。三十代頃までは二日徹夜しても平気でしたが、今はもう無理です。

食生活も変わりました。魚と野菜を中心に小食を心がけ、炭水化物と糖分は、普段は余計に摂らないようにしています。とはいえビールは飲むのですが、米とパン、甘いものなどはほとんど食べません。

食事については、仕事のつきあいや剣道の合宿などもあるので、会食の際は、選り好みせずに食べています。自分のなかで「八割二割ルール」というものを決めていて、日常の八割で食事制限ができていれば、後の二割は少々乱れても大丈夫と判断しています。

先に述べた赤岩岳登頂の時も、通常の倍のペースで疲労困憊《こんぱい》でしたが、インスタントラーメンとコーラに命を救われました。山小屋で、数年振りに飲むコーラ。滅多に食べないインスタントラーメン。猛烈なシュガーラッシュで、元気を取り戻すことができました。

本音を言えば、甘いものは嫌いではないし、アイスクリームも大好きです。食べたくて仕方がなくなる時もあります。それでも稽古のため、普段の生活では、必要以上の栄養は摂らないようにしています。

生活のリズムで頭を悩ませているのが、海外出張です。食生活の乱れや時差など、一週間出張すると、通常のリズムを取り戻すのに三週間はかかります。

海外出張の年間スケジュールは、ニュージーランドに年二回、クロアチアに年一回。その他はイレギュラーで、二〇二三年は、スウェーデン、スペイン、サウジアラビア、アメリカへ行きました。二ヶ月に一回は、海外のどこかの国へ行っていたことになります。

海外へ行く時は、剣道と関係ない仕事の時でも、剣道の防具とトレーニング用のゴムバンドは、必ず持っていきます。ジムでフリーウェイトのトレーニングができない時でも、ゴムバンドさえあれば、デッドリフトやスクワットなどのトレーニングができます。小さくて持ち運びも楽で、重宝しています。

防具を持っていくのは、もしもの場合に備えて。出張先でFacebookに「今、〇〇に来ています」とポストすると、その国の剣道仲間から一斉に連絡が来ます。「今日稽古だから、一緒にどう?」。

疲れている時もありますが、ありがたい話です。世界中のどこに行っても、必ず誰かと稽古ができるのです。武道は万国共通のコミュニケーション、武道仲間は私の大きなファミリーです。

第三章　心の整え方

密度の高い非言語的コミュニケーションのやりとり

剣道はひとりではできません。ふたりで行なうものです。そこには必ず、相手とのコミュニケーションが生まれます。たとえば日常的な挨拶を思い浮かべてみます。

初対面の相手でも、よく知った間柄でも、向こうから身を乗り出し、手を差し出してきたら、それに応じてこちらも手を差し出すのが、自然な反応でしょう。

日常の挨拶では、そのまま握手することになりますが、剣道の場合、ここで手を差し出してしまうと、まんまと相手に乗せられたことになります。自分から動くつもりはなかったのに、相手の動きに反応してしまったのです。

相手にしてみれば、先に手を差し出したのは、こちらの動きを誘うためです。具体的な剣道の攻防で言えば、わざと隙を見せて（相手が手を差し出す）、こちらに打たせておいて（自分も反応して手を出す）、そこに生じた隙に打ち込む（相手が自分に先んじて手を握る）、という流れになります。

これは「後《ご》の先《せん》」という技術の一要素で、本書の冒頭で、私が学生に対して使っていた技術にも含まれているものです。自分の中心軸を守りつつ、相手の中心軸を押さえて、相手の攻撃ラインを外す。わざと隙を見せ、先に打たせることで、相手の攻撃は空を切り、後から振り下ろした私の竹刀が当たるのです。

スポーツにも、フェイントをかけて相手の動きを誘う、相手の攻撃を見切ってカウンターを入れるなど、類似の技術は存在します。しかし「後の先」は、物理的なスピードや、生理的な反射・反応の速度とは次元の異なる、「間合」のなかで先手を取る技術です。そこがフェイントやカウンターとの決定的な違いです。

武道の間合は特殊な空間で、第二章で解説した「気剣体の一致」や「無心・捨身・残心」といった、武道の技術によって成り立っています。ですから、その技術に習熟しているほど、間合のなかでは相手の動きがよく見え、相手を自由に動かすことができるのです。これはなぎなたなど、他の武道にも共通しています。物理的な時間と空間に加え、自他の心理的作用が働いている場が、武道の間合です。

本書冒頭での、八十歳の剣士との立ち合いも、間合のなかでの出来事です。私にとって「気づいた時にはもう打たれていた」ことは、相手にしてみれば「私が動こうとする前に打った」だけのこと。これは「先々《せんせん》の先」というタイミングで、相手が攻撃の意思を起こす前に、先手を取る技術です。

先述した八十歳の剣士との立ち合いは、完全に相手の間合でした。「先」で完封されたかと思えば、わずかな隙に付け込もうとしたところを、「後の先」で打たれる。相手の思惑をはかろうと、レーダーのように自分の剣先（竹刀の先端）を、相手の剣先に近づけますが、「無言」で反応が無かったり。「柳に風」とはぐらかされたり。何を考えているのか、わかりません。歳を取って瞬発力は衰えてきた私の心を見透かすように、相手が打ち込んできます。

体格やリーチで劣っていても、間合が把握できていれば、先手を取ることができるのです。そして「先」の技術は不思議なもので、罠《わな》とわかっていても、かかってしまうところがあります。「握手」のたとえならば、手を差し出されるたびに、なぜかつい手を出してしまう。パペットのように、相手の思惑通りに動かされてしまう。これも武道の技術です。

剣道の攻防は、はたから見れば、ランダムに打ち合っているだけ、あるいは、じっと見合っているだけに見えるかもしれません。しかし実際は、相手と対面することで「間合」が生まれ、そのなかで、剣先、視線、呼吸などから得られる情報を手がかりに、「合気」となって非言語的なコミュニケーションを活発に行なっているのです。

間合のなかで勝負は決まる

どのようなことが、間合のなかでは起きているのか？　一本が入るまでの、剣道の攻防のプロセスを、図を交えて解説します（107ページの図4）。

まず其一の「攻める」。「遠間」と呼ばれる安全な遠い間合から、一歩踏み込めば相手を打てる「打ち間」へ。気構え、身構えが一致する「気剣体一致」の構えで、剣先を相手の中心に向け、プレッシャーをかけていきます。

このまま相手の構えを崩して、打つのか？　それとも隙を見せて、相手の攻撃を誘うのか？　其二の「崩し・誘い」では、相手の気構えと身構えをコントロールして、打つべき機会を探っていきます。無論、相手も同じことを考えているわけですから、打たれぬように、自分の身構え、気構えもコントロールする必要があります。

自分より強い相手に攻められた時は、自信を失い、恐れが生じます。「驚《きょう》・懼《く》（おそれる）・疑・惑」の感情に圧倒され、「相手は何を考えているのか？」と疑い、「今行けば打たれるか？」と戸惑う。

驚・懼・疑・惑のネガティブな感情は、すべて隙になります。心の隙が体に出て来るのです。腰が引ける、肩がこわばる、足が居着く、息が上がるなど、思うように動けなくなります。自分が打てるチャンスを逃し、相手に打つチャンスを与えることになります。

恐れや迷いを、心からどれだけ無くすことができるか。同時に、相手のそれらをどれだけ引き出すことができるか。ネガティブな感情をコントロールして、隙の無い「無心」の状態を保つことで、其三の「打つべき機会」が訪れます。

剣道の打つべきタイミングは三つあります。相手が動こうとする前に打つ「先々の先」、相手が動こうとするところを打つ「先」、相手を動かしておいて打つ「後の先」。剣道の攻防には数限りないバリエーションがありますが、打つ瞬間を捉えると、必ずこの三つのタイミングのどれかになります。

ただ、これらの「先」のタイミングを、はっきりと自覚できるようになるには、長年の経験が必要です。早くて三十代、私の場合は四十代からでした。

十代、二十代の頃は、勝ちたい一心で、スピード任せ運任せの「先手」の取り合いになります。互いに、相手とコミュニケーションを取ろうとせず、一方的に自分の意思を通そうとします。また若いうちは、それが通用するので、それでもよいのです。自分のスピードの限界、体力の限界にとことん挑戦するべきです。

歳を取ると、スピードもパワーも衰えてきます。若い世代と、同じ距離からヨーイドン！で競争しても、勝てなくなります。その代わり、稽古を重ね、経験を積むほどに、間合で戦うこ

図4　有効打突＝一本

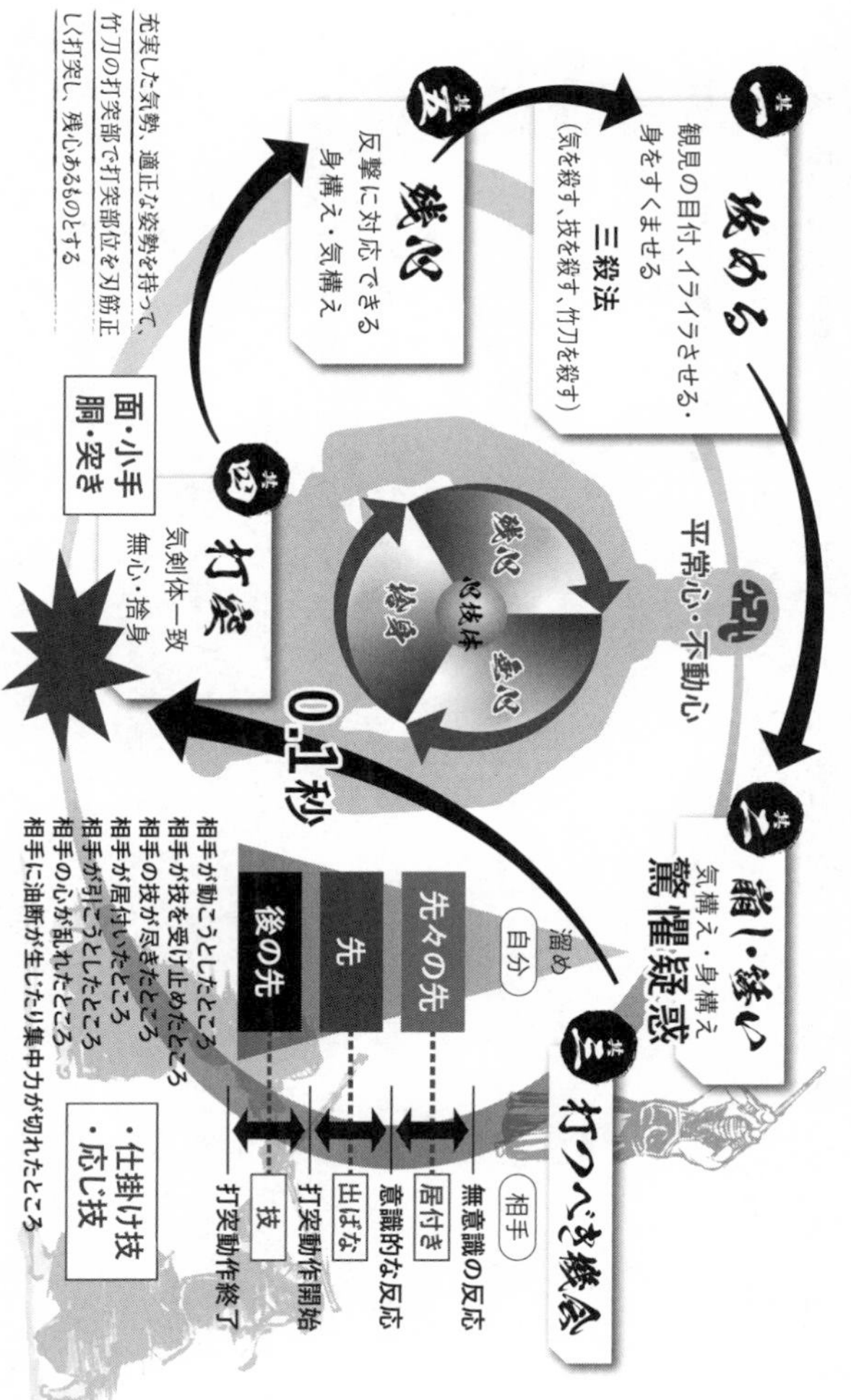
其一 攻め
観見の目付、イライラさせる・身をすくませる
三殺法
（気を殺す、技を殺す、竹刀を殺す）
其二 崩し・誘い
気構え・身構え
驚懼疑惑
其三 打つべき機会
相手
無意識の反応
居付き
意識的な反応
出ばな
打突動作開始
技
打突動作終了
自分
溜め
先々の先
先
後の先
相手が動こうとしたところ
相手が技を受け止めたところ
相手の技が尽きたところ
相手が居付いたところ
相手が引こうとしたところ
相手の心が乱れたところ
相手に油断が生じたり集中力が切れたところ
・仕掛け技
・応じ技
其四 打突
気剣体一致
無心・捨身
面・小手
胴・突き
0.1秒
其五 残心
反撃に対応できる身構え・気構え
平常心・不動心
心技体
残心
捨身
無心
充実した気勢、適正な姿勢を持って、竹刀の打突部で打突部位を刃筋正しく打突し、残心あるものとする

とを覚え、「先」のタイミングもわかってきます。「ヨーイドン！」の合図の前に仕掛け、勝つことができるようになるのです（其四「打突」）。不思議なことですが、武道は本当によくできています。

そして其五の「残心」です。一本を取っても油断しない。感情をコントロールして、相手の反撃に対応できる身構え、気構えを保ちます。ガッツポーズを取るなど感情をあらわにすると、礼節にかけ残心が無いとみなされ一本は無効となります。敗れた側にも残心は必要です。悔しさや不服の意を表すことも、残心の無い行為です。勝負に敗れ、品格でも負けたことになります。

残心については第四章で改めて解説しますが、以上の五つのプロセスが、剣道の一本には含まれています。

剣先の触れ合いで相手がわかる

先ほど、剣道は非言語的なコミュニケーションであると言いました。剣道の攻防では、目線や呼吸、体の微かな動きなどから、相手の考えや気分、コンディションなどを読み、打つべき機会を狙っていきます。五感を駆使した、感覚的なコミュニケーションです。

剣先の攻防

このコミュニケーションにおいて、重要な役割を果たしているのが、竹刀の先端部の「剣先」です。剣先は、相手との間合をはかるレーダーであり、相手の剣先に自分の剣先で触れることで、相手の情報を読むセンサーにもなります。

また剣道の基本の構えである「中段の構え」において、剣先は自分の中心を守るポジションに位置しています。そして同時に、相手の中心にも向けられていますから、剣先の攻防は、互いの中心の奪い合いに直結します。中心を奪われれば、バランスが崩れ、隙が生まれます。中心を守ることができれば、打つべきチャンスが訪れます。

第二章で説明したように、剣道では気剣体を一致させていますから、剣先にはその人の気（心）と体の情報が集約されています。心の動揺は体に隙として現れ、そのまま剣先へと伝わります。具体的には、相手の力の入り具合や抜け具合、気の強弱などが、感触として伝わってきます。

剣先を交差させて、相手と中心を奪い合う。竹刀を左右に傾けて、相手の反応を探る。剣先が触れ合った瞬間から情報戦は始まっています。

「この相手は、表と裏、どちらが強いのか？」。右構えとなる剣道では、向かって右を「表」、左を「裏」としますが、表側、すなわち左半身が強い者もいれば、その逆の者もいます。剣先を通して、表側からプレッシャーをかけてみる。強い反応が返ってきて硬くなった。一方、裏側から攻めてみると、柔らかな感触で反応が薄い。

こういう相手は、表が弱く、裏は強い場合が多いので、余裕があるか無いか表側から攻めていくのが得策です。表が弱いから、私がかけたプレッシャーに反応して、体が硬くなったのです。くすぐったいところを触られて、身をすくめるのと同じ理屈です。反対に裏側は、自信があるから柔らかいままでいられます。こちらとしては、裏側からの攻撃を警戒しなければなりません。

表と裏の他にも、剣先を上げる、下げる、前後左右に移動するなど、こちらが何かの動きを見せれば、相手もそれに対して何らかの反応を見せます。そして剣先から伝わってくる情報をすべてインプットして、「この相手は小手を警戒しているようだから、面を狙おう」という具合に攻撃プランを決定するのです。

修行を積んでいくと、構えを見ただけで相手の実力がわかるようになりますが、その人の考えていることや感じていること、体の癖、心の癖などの具体的な情報は、剣先に触れてみなければわかりません。

剣先を交えても、こちらの読みが外れる時もあれば、何も読めない時もあります。八段の先生の剣先には、力が入っていません。こちらから何を仕掛けても流されるばかり。仕掛ければ仕掛けるほど、逆にこちらの情報が筒抜けになっていきます。

剣先のタッチは微妙なもので、そこから得られる情報は感覚的なものです。言葉での説明は難しく、ワーク形式で体験してもらうこともできません。ですが、剣道家は常に竹刀で会話をしています。傍目にはわからぬ非言語的なコミュニケーションを活発に行なっているのです。

「捨身」が限界を超える

「打たれたくない」。相手を前にして抱く、恐れの感情。先に述べた「驚・懼・疑・惑」のネガティブな感情を克服していくことは、稽古の大きな課題のひとつです。そのためには、「捨身」の覚悟を身に付けることがとても重要になります。

剣道の技は、自分から仕掛ける「仕掛け技」と、相手の打突に応じる「応じ技」のふたつに大別できます。先ほどの「先々の先」と「先」は仕掛け技、「後の先」は応じ技となります。

もう少し基本から説明しましょう。剣道には十本の「日本剣道形」の他に、九本の「剣道基本技稽古法」があり、この稽古法が、剣道の体系を示すよいモデルとなります。基本技稽古法は形と同じく、ふたり組で木刀を使って行ないますが、仕掛け技から応じ技へと、段階的に展開していきます。

基本技稽古法の一本目（基本1）は「一本打ちの技」の面、小手、胴、突き。剣道の四ヶ所の打突部位を攻める、基本技です。適正な姿勢を持って、刃筋正しく打突することが求められます。

基本2は「小手↓面」といった連続技。基本1で行なった四つの基本技を組み合わせた、基本的なコンビネーションを習得できます。

基本3以降は、「払う」「引く」「抜く」「返す」など相手の打突をさばきつつ、攻防一体で反撃する技術。ここから相手の攻撃に応じる「応じ技」となり、コンビネーションの組み合わせも増え、難易度も上がっていきます。最後の基本9の「打ち落とし技（胴打ち落とし面）」ができるようになれば、その人は達人です（試合でこの技を使った人を見たことはないのですが）。

仕掛け技と比べて、応じ技は難易度が高くなります。初心者のうちはどうしても「相手が打ってきたから」、それに応じて打つことになります。しかしそれでは間に合わず、打たれてしまいます。応じ技である「後の先」では「相手に打たせておいて」、つまり相手の動きを誘導して、紙一重のところで打つわけです。これは非常に勇気のいることです。

相手の打突は、思っているより速いかもしれません。どの角度から、どのような技で来るのかも、百パーセントはわかりません。場合によっては、虚を衝《つ》かれ、打たれる可能性もあるのです。ですから、打たれることなく、打つためには、「打たれるかもしれない」という恐れを克服しなければなりません。

そしてそのためには、「打たれてもいい」と覚悟を決める必要があります。これは自分から仕掛ける「先々の先」「先」でも同じことです。相手は隙と見せかけて、こちらを誘っているのかもしれません。または、独特の癖のある難剣の使い手かもしれません。八段の先生であれ、学生であれ、こちらから思い切って仕掛けていく時は、常に勇気が必要です。

理想としては、無心になって、勝ち負けにこだわらず、自然体で相手と剣先の「会話」を行なう。打つべきタイミングが見えたら、恐れず、疑わず、身を捨てて打ち切る。これが「捨身の覚悟」です。

しかし言うは易く、行なうは難しです。捨身の実践は非常に難しい。「打たれてもいい」と言いつつ、打たれてはいけないのですから。試合でも審査でも、打たれたら負けです。

捨身の覚悟を身に付けるには、「打たせる稽古」をするしかありません。仕掛け技ではなく、応じ技を中心に稽古する。相手に打たせて、恐れや迷いと向き合う。「打たれたくない」と「打たれてもいい」の摩擦に耐えて、心の「内面力」を鍛えていくのです。

打たせる稽古は非常にストレスフルですが、辛抱強さと勇気が養われ、地道に続けていくことで、無心の境地に近づくことができます。

そして「後の先」のような、相手の先を取り、相手を動かす技術が身に付いていきます。武道の本質的な技術に触れることで、武道の本当の面白さがわかってきます。

私が打たせる稽古を始めたのは四十代からですが、その頃から武道が面白くなってきました。捨身を身に付けるプロセスで、「感情に流されなくなる」「待つことができるようになる」など精神的にも成熟できたと思っています。

ストレスは心の弾力性を鍛える

「打たれたくない」と「打たれてもいい」の摩擦に耐えて、内面力を鍛えていく。打たせる稽古はストレスフルであるという話をしました。

武道的な強さを身に付けるには、まずは身体を鍛えないと始まりません。第二章で解説してきたような、肉体的トレーニングが絶対に必要です。

そして肉体的な強さを引き出して活用するには、心の役割も重要です。気剣体一致で行なう剣道の稽古は、身体を鍛えると同時に、気、すなわち心も鍛えていくものです。

もちろん、スポーツの練習でも、技術を習得するには、体と心の両方を鍛える必要があります。技の土台は体ですから、ある技を磨き上げて、よりすぐれた技にするためには、まず体を鍛え上げる必要があります。

そして肉体的な限界を超える時には、心の助けが必要となります。息が上がり、もうこれ以上動けない。ここでもうひとがんばりできるかどうかは、その人の心次第です。ですから、体を鍛えるプロセスで、心も自然に鍛えられることがあります。また逆に、集中力などの心の要素が鍛えられていないと、技がうまくできないということもあります。

その点ではサッカーなどのスポーツも、競技としての剣道も、共通しています。体を鍛えることで、心も鍛えられる。体を鍛えると共に、心も鍛えている。

ただし剣道には競技性の他に、実戦性と文化性の側面があります。まずはじめに戦の世界で生まれた殺人刀《せつにんとう》（実戦性）があり、江戸時代に剣術として昇華された活人剣《かつにんけん》（文化性）があり、それを受けて、現代剣道のスポーツマンシップ・ゲームズマンシップ（競技性）があるのです（図5）。

この三者は分かちがたいもので、競技としての現代剣道にも、文化性と実戦性の伝統が息づいています。

高校時代、剣道部の稽古に最初に抱いた印象は「軍事訓練」でした。壮絶な掛かり稽古、先生の怒声、生徒の悲愴な金切り声……緊張感と殺気に満ちていて、恐ろしかったです。

ニュージーランドの高校では部活を掛け持ちして、メインのサッカーは週に二、三回。緊張することなく、ストレスを感じることもなく、楽しく練習していました。まさしく「プレイ」、遊びの感覚です。試合の時は勝ちたいから、若干のストレスは生じますが、基本的にサッカーは楽しいものでした。だけれどサッカーのような遊び感覚の楽しさは、剣道にはありません。その気持ちは今も変わらず、よく考えたら、剣道の稽古そのものを楽しいと思ったことはないように思います。

図5　現代武道の特性

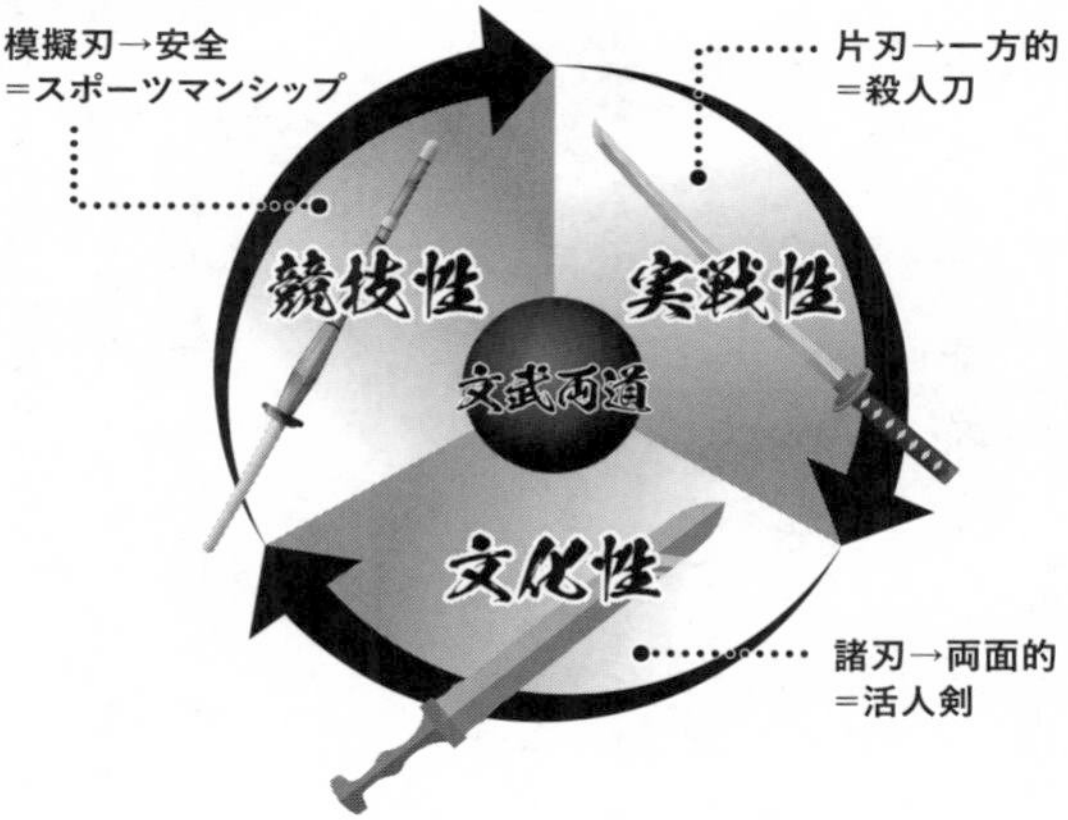

もちろん、達成感が無いわけではありません。厳しく苦しい稽古のなかに、自分で楽しさを見つける喜びはあります。ですが上の図の通り、剣道は実戦性のある真剣勝負ですから、その本質は「人と戦う」ことです。一歩間違えたら暴力になる可能性があり、稽古でも試合でも、常に独特な緊張を強いられます。

サッカーは激しいこともありますが、基本的に楽しくプレイするもので、ストレスを発散するものでした。ですが剣道の場合は、やることで逆にストレスがかかるのです。

そして、「そのストレスにどう耐えるか？」ということを、剣道は教えてくれます。楽しさや達成感の質が、サッカーのようなスポーツとは異なるのです。

ストレスの質的変換をはかる

現代的な教育論やコーチング理論では、「プレイを楽しむ」とか「褒めて伸ばす」ことが推奨されています。私が高校時代に経験した、しごきのような指導法は、今の時代は許されません。

しかし現代的なコーチング理論と、伝統的な指導法の両方を知る私には、どちらがよい教え方なのかわかりません。

世の中を生きていくのは、大変なことです。熾烈な競争を強いられ、競争に伴うストレスが常に襲ってきます。二〇一二年から、武道は中学校の必修科目となりましたが、その目的のひとつは、「生きる力の育成」でした。社会に参入すれば、競争は避けられません。競争社会における「生きる力」の本質とは、競争に対抗できる能力、つまり「競争心」と「ストレス耐性」であると私は考えます。

「ストレス」といえばネガティブなイメージを持たれがちですが、必ずしも有害なものではありません。ストレスは成長の触媒となり、コンフォートゾーンからその人を押し出し、困難に直面することをうながします。

そしてその困難を乗り切ることで、心の復元力や問題解決能力、感情をコントロールする感情的知性が養われていくのです。

ストレスを「脅威」ではなく「挑戦」と捉える考え方は、「ユーストレス（よいストレス）」という言葉にも見ることができます。「よいストレス」という概念は、あるレベルのストレスが、個人のモチベーションや集中力、パフォーマンスを高めることを示唆しています。

筋肉トレーニングでは、重いバーベルを持ち上げることで、筋肉にストレスや微細な損傷を与え、筋肉を徐々に強く、弾力的にしていきます。武道の厳しい稽古も、心に負荷をかけ、微細な損傷を与えることで、心の弾力性を鍛え、ストレス耐性を植え付けていきます。

一対一のコンバットである武道の稽古は厳しいもので、道場には常に緊張感が漂い、ストレスフルなことが次々と起こります。そしてそのストレスフルな体験が、ストレスに耐えるノウハウを教え、精神的なスタミナをつけてくれるのです。

「どの程度のストレスを、どのタイミングで与えればよいのか？」。これは非常に難しいところで、私を含めた指導者側の問題となってくるのですが、後ほど改めて考察することにします。

相手を深く理解する「対面力」を培う

生身の人間と向き合う。互いの眼を見て、打ち合う。人と人の間に生まれる「間合」のなかで行なう剣道は、完全なるアナログの世界です。

変な言い方をすれば、裸のつきあいです。ふたりだけの世界。何も隠さず、大きな声を上げて、気迫でぶつかり合う。剣と剣、体と体、気と気、意思と意思のぶつかり合いです。

今の世の中、人と人とが直接触れ合う機会は、減っていく一方です。コロナ禍を経て、リモートワークが定着し、イベントやセミナー、学校の授業なども、リモートの同時開催で行なうことが増えました。

日常的なコミュニケーションも、スマートフォンを使って、SNSやメールで行なうことが大半です。言葉のちょっとした行き違いで、一方的に相手をブロックする。「あの人は嫌い」「この人はおかしい」と、自分の意に沿わない相手を排除していく。世界中の誰とでも繋がれる利便さの裏で、コミュニケーションの幅はむしろ狭くなっていて、他人に対して苦手意識を持つ人が増えてきている。私にはそのように感じられます。

剣道では、好きも嫌いも関係ありません。苦手だろうと嫌いだろうと、稽古となれば、その人と向き合わざるを得ません。相手の眼を見て、声の調子や息づかいに耳を澄ませ、全身でぶつかっていきます。

これは文字通り「人と触れ合う」ことです。いろいろなタイプの人と剣を交えることで、コミュニケーションの基礎をつくることができます。苦手なタイプや気の合わない人とも正面から向き合うことで、相手に抱いていた先入観や偏見、自分の小さなこだわりは払拭されます。どのような相手が来ても落ち着いて柔軟に対応できる、「対面力」が培われていくのです。

「対面力」は、コミュニケーション能力を表す概念として、明治大学教授の齋藤孝氏が提唱していますが、武道のコミュニケーションにも当てはまる言葉だと思います。

コロナ禍が明けて、私の大学でも「リモート授業」「対面授業」という言葉を耳にするようになりました。それまで普通だった「教室で顔を合わせる」ことを、「対面授業」と呼ぶ。デジタルの仮想空間が生活空間を侵食していく、時代の流れを感じます。

言語学の研究によると、コミュニケーションにおける情報伝達で、言葉が果たしている役割はおよそ七パーセント。言葉自体の役割は一割にも満たず、人は九割以上の情報を、相手の表情やボディランゲージなどの非言語的要素から読み取っているといいます。

「イエス」や「ノー」といった言葉の内容そのものよりも、その人の口調やリズム。目線から伝わる表情。身を乗り出しているか、引いているかといった距離感。こういった非言語的な情報を、無意識に私たちは読み取り、他人とコミュニケーションしています。

ところがZoomなどのリモート環境になると、言葉以外からその人が発している大事なサインの多くが、抜け落ちてしまいます。対面の授業でも、コミュニケーションは一方的になっていますが、今後リモート授業が増えていくことで、「学生は先生の言うことを一方的に聞くだけ」という傾向が強まることを危惧しています。

剣道は「対面」でしか行なえません。距離をはかりながら間合を取り、表情や仕草といった非言語的な手がかりから、相手の気持ちを読んでいきます。また剣道は武道ですから、気をつけなければ、相手にケガをさせる恐れがあります。力加減や感情のコントロール能力、相手に対する配慮も身に付けていきます。

対面する時は相手と向き合うと同時に、自分と向き合うことにもなります。そのプロセスで、先述の「内面力」も培われます。対面力と内面力はワンセットで、人とうまくつきあうためには、自分をどこまで理解できているかが問われます。

このようにして対面力を培うことで、日常生活でも相手の発する非言語的なメッセージに敏感になり、「ここは進むべきか、引くべきか？」といった間合の取り方もわかるようになります。

これからの世の中は、ますます武道のチャンスだと私は思っています。武道はデジタルの世界におけるアナログそのもの。人と人が直接触れ合い、心を育てていく貴重な時間を提供してくれるのです。

己を知ることで自分も他人も受け入れる

ここから少し、自分の心の整え方について、話していきたいと思います。自分とは何なのか？　自分のことをどれぐらい理解できているのか？　対面力と反対のベクトルを持つ内面力では、自分の心と向き合うことになります。

これは一個人の問題に留《とど》まらず、国際的な相互理解の問題としても、ユネスコ（国連教育科学文化機関）などで数十年来、提起されてきました。

紙数の都合もあり詳細には立ち入りませんが、要約すると「国際理解のためには、世界各国は相互依存関係にあることを認識すること。そして異文化交流のためには、まず各国の教育現場で、青少年の、他人と交信する能力を養うこと」という主旨になります。

日本政府の臨時教育審議会答申においても（一九八七年）、「国際的視野の中で日本文化の個性を主張でき、かつ多様な異なる文化の優れた個性をも深く理解することのできる能力（を育成すること）」が、異文化理解政策の一方針として、提示されました。

国際教育といえば、海外に留学することや、英語などの外国語を学ぶことだと考える人が多いでしょうが、その前にまず自分の個性を知ること、日本人なら、日本文化を理解するための教育が、第一に必要であるということです。

これは国家レベルの話ですが、個人レベルでも同じことが言えます。ＩＣＡＰＳという、異なる環境への適応力を診断できるテストがあるのですが、このテストでは「自己受容度」が、異文化への適応力に関わる因子として、評価対象になっています。

自己受容度、すなわち「自分のことをどれぐらい理解しているか、認めているか」の程度です。このテストには、他に三つの評価項目（因子）があり、①感情を制御できる能力、②オープンな心、③柔軟性となっています。どれも武道の心構えに通じる要素です。

自己受容度を含む四つの因子が、バランスよく発達していれば、自己の文化を肯定し、相手の文化も肯定することができます。それは異文化への適応力が高く、相手との相互理解ができるということです。

私の場合、国籍は今もニュージーランドで、自国の文化を愛しているからこそ、日本武道の修行を続けることができているのかもしれません。

自分の個人的な性格や個性については、欠点も含めて、剣道が全部教えてくれます。よいところも悪いところも、すべて具体的な形で剣道に出て来ます。ですから剣道を直すことが、自分を直すことになります。外的な剣道の形を直すことで、内面の心も整い、その心を保つことができれば、剣道の形もよくなるのです。

自分を客観的に見ることは難しいですが、私の場合は剣道が正確なバロメーターとなっています。欠点も把握した上で、自分の個性を認めて、受け入れる。それが自己を肯定するということです。自分の欠点を受け入れることができれば、他人の欠点にも寛容になり、他人を肯定することができるようになります。

怒りの感情への対処法

八段をめざして、自分の剣道の形を直している私ですが、「欠点を挙げてみろ」と言われると欠点だらけな気もします。たとえば「感情コントロールが少し弱い」というところも欠点のひとつに感じます。

剣道をやる前の私はもっと感情的だったので、以前と比べれば、ずいぶんと感情のコントロールはできるようになりました。これはやはり「打たれる稽古」で身に付いた辛抱強さや、「無心」の心構えでネガティブな感情と向き合った経験などが影響していると思います。

ですが「生まれ持った性格」というものは、やはりあります。そしてその部分はなかなか変えられないということも、歳を取るほどにわかってきました。

私は基本的に気が短い方で、今でも結構怒ることがあります。それは私の性格で、悪い面もあるけれど、では自分を完全に変えればいいのかというと、それも不自然なことだと思っています。

「短気である」ということは、問題といえば問題なのでしょうが、その性格あっての私であるわけで、それが私のキャラクターなのです。ですから、この性格を活かす方法を考えることが大事になってくるのです。

剣道は私の内面のバロメーターであり、私を導いてくれるものですから、そこに怒りがあるならば、「その感情をどのように使うか？」が稽古の課題となります。

「自分の剣道を直している」と言ってきましたが、「直す」という考え方は実はあまり好きではありません。欠点を直すというより、「自分のキャラと、どうつきあうか？」の方が現実的です。これならば、先ほどの自己受容に繋げることもできます。

自分のキャラクターを、どのように活かすか？　それが「怒りっぽいキャラ」なら、そこにある怒りの感情を、何に向けていくかを考えます。

怒りの感情を、人に向ける。日常生活で誰かに対して怒るということは、やはりよくありません。相手を傷つける可能性があります。

ですが「怒りの感情がある」というのは、見方を変えれば「感情が熱い」ということにもなります。ですから、怒りをパッションに変えればいいのです。情熱的なキャラクターです。怒るというのはエネルギーがあるということで、そのエネルギー自体は決して悪いものではないのです。

何か腹の立つことがあったら、「何くそ！」とそのエネルギーを、よい方向へと向ける。怒っている人、エネルギーのある人は、恵まれています。それはその人にパッションがあるということです。怒りの感情を無理矢理無くすことは、非人間的な行為であると思います。

悪いものも、いいように使う。自分を否定しない。大切なのは自分を知ることです。「こういう時に自分は感情的になる」と自己分析して、その時、その感情をどう利用するかを工夫することです。

たとえば私が学生と掛かり稽古をする時。骨のある相手なら、どちらからともなく熱くなります。熱くならない相手と稽古をしても、双方とも力は伸びません。相手が熱くなれば、自分も熱くなる。それがぶつかり合いになり、稽古は熱を帯びていきます。

そのぶつかり合いは、場合によっては暴力に近いものにもなります。「剣道では感情をぶつけるのではなく、気をぶつけるのです」。これは小森園正雄先生の教えで、私が常に心に留めていることですが、ぶつかり合いでは時に、怒りの感情が芽生えることもあります（その感情を打突に込めることはしませんが）。

この瞬間的な怒りの感情も、先述の「非言語的なサイン」のひとつで、相手が私のサインを察知した瞬間、相手の熱量も上昇するのです。真剣勝負の武道の稽古で、このような本気の瞬間はとても重要です。

はたから見れば、喧嘩のようにも見えます。喧嘩をしてもよいのです。指導者が「越えてはいけない一線」を心得ていて、相手の力を受け止めるだけの力量があれば。

始まる前に礼をして、終わった後に礼をする。「ありがとうございました。凄《すご》い稽古でしたね」。感謝の念が、どちらからともなく湧いてくるのは、やはりそこにパッションがあるからです。

十七歳の時、私が自分の限界を超えることができたのも、そこに「怒り」があったからです。

佐野先生は、私から怒りの感情を巧みに引き出し、スパークするエネルギーへと昇華させました。

今の時代、佐野先生のやり方をそのまま再現することはできませんが、現代的なやり方で、「怒りをエネルギーに変える」稽古法を、私なりに工夫していきたいと思っています。

「ナウ!」のひと言で無心の境地になる

試合や稽古中に心が乱れた時。驚・懼・疑・惑、いずれかの感情によって、無心でなくなっている時。私は頭のなかで「ナウ!」と自分に言い聞かせます。タイムトラベルをやめて、今この瞬間に戻れと。

心が乱れている時は、何か余計なことを考えています。「今、ここで打たれるかな?」とか「この相手は全国大会で優勝しているからな……」などと、まだ起きていない未来か、すでに終わった過去のことを考えています。「今ここにいる自分」から離れて、心がどこかに行っているのです。こういう時は、たいがい負けます。

だから、ナウ。今に戻れ。先のことも後のことも、「今」に関係ないから、タイムトラベルをするな。

心が乱れて今に集中できないのは、緊張しているせいでもあります。心をかき乱す恐れなどの感情は、いわば緊張のシグナル。だからネガティブな感情や、否定的な考えが浮かんできた時は、それらを「緊張のシグナル」として、言い換えれば「リラックスするための合図」として受け入れればよいのです。ここでもやはり「ナウ！」のひと言で、今に戻ることができます。

心が乱れた時、「ナウ！」のひと言で、意識のフォーカスを現在に戻す。このテクニックは誰に教わるでもなく、自然に覚えたものですが、武道家なら誰でも、自分なりの「心を整える方法」を身に付けていると思います。

心を整えるために、数年前から行なっているのが座禅です。稽古の後に研究室で、ほぼ毎日行なっています。

座禅では呼吸を意識します。呼吸を意識することで、頭のなかが無に近づいていきます。剣道の「無心」に通じる何かが、あるのかもしれません。

「無心になれ」とか「何も考えるな」と言われても、なかなかそのようにはできないものです。座禅では、心のなかでひとつ、ふたつと呼吸を数えていくことで、意識を一点に集中します。そうして他のことは考えられない状態をつくります。「今、二十だったっけ？」などと数がわからなくなっていたら、気が逸《そ》れていた証拠。何か他のことを考えていたはずです。もう一度ゼロからスタートします。

ゼロから始めて三百まで行くと、だいたい四十五分ぐらいです。座禅を組んでも、はじめのうちは何をやっているのかわかりませんでした。ですが、そのうち毎日やるのが習慣となり、やらないと気持ちが悪くなってきました。

座禅を始めたきっかけは、ふたりの先生です。ひとりは、宗教学者の山折哲雄先生。私が日文研（国際日本文化研究センター）に在籍していた頃、大変お世話になりました。山折先生の「武道家だったら座禅をした方がよいだろう」とのひと言で、それはそうだ、やらなければと思うようになりました。

もうひとりは、剣道家で範士八段の故・井上義彦先生。私が非常に尊敬している先生で、井上先生からは多くのことを学びました。先生は稽古の前と後に、必ず十分から十五分の座禅をしていました。剣道と同様、先生は座禅にも非常に厳格で、手の印の結び方など、「なぜこうするのか」を説明しながら、座禅の基本を教えて下さいました。

井上先生には、ニュージーランドにも何度も来て、剣道セミナーの講師を務めていただきました。忘れられないのは、ある年に先生を空港に迎えに行き、ホテルへ案内した時のことです。先生を部屋まで案内したホテルのボーイさんが、私に聞くのです。「今の人は何者ですか?」

と。剣道の先生です。ソードファイティング、日本のサムライです。そう答える私に、彼は納得の表情を浮かべました。

「凄いオーラのある人ですね。動きとか歩き方に、ものすごいパワーを感じました」

すでに高齢で大柄でもなかった井上先生ですが、剣道を知らないニュージーランドの青年が見ても、ただならぬ風格がありました。普段着での何気ない仕草にオーラを感じるということは、先生が常に自然体でいたということです。立つこと、歩くことが、すでに構えになっていたのです。

そしてボーイさんは「怖い」とは言いませんでした。ただ、何か凄いものを感じて驚嘆していました。

剣道では稽古前と後に黙想をしますが、井上先生のように、たっぷり時間を取って精神統一をする道場は、最近見かけません。だいたい五秒程度で「黙想、止《や》め！」です。形だけの黙想では意味がありません。

座禅に関しては経験が浅いこともあり、私も正直わからないところが多いです。剣道の「無心」との関係性や、心の乱れを整えて今に戻る「ナウ！」の技術も、座禅と重なるところがあると思いますが、まだ断言はできません。ですが山折先生と井上先生、私の尊敬するふたりの先生が価値を認めているものですから、これからも座禅は続けていこうと思っています。

勝負を前にした準備の作法

普段通りの心構えで、本番に臨む。大事な試合や審査が近づいてきたら、稽古はほどほどにして映画を観《み》に行くなど、気分転換をはかるようにしています。この時期に必要なのは、リラックスすること。あまり考えないようにすることです。

試合も審査も、考え過ぎるとうまく行きません。考えても疲れるだけ、無心から遠ざかるだけです。これまでずっと稽古してきたのですから、もうこれ以上やっても意味がありません。

試合や審査の前、私は必ず家の掃除をします。山積みになっている資料の整理や、面倒臭くて手つかずだった部屋の掃除。身の回りがきれいになると、気分もすっきりして、余計な気がかりがなくなります。

それから防具の手入れ。まず胴を磨きます。剣道家にとって防具は体の一部です。きれいに磨きます。

胴、面、小手。どこか不具合は無いか、紐の具合は大丈夫か。竹刀も不具合が無いか確認します。

それから手拭いを選びます。赤にしようか、黒にしようか。「不動心」の手拭いにしようか、「残心」にしようか？　手拭いは頭に巻くものですから、その時の自分のテーマや、忘れてはいけない心がけが書いてあるものを選びます。

正確に数えたことはないのですが、私の家には数千枚の手拭いがあります。そのなかで特に気に入っている五〜六枚のなかから一枚を選ぶのですが、剣道では大会ごとに手拭いがつくられるので、我が家の手拭いはこれからも増えていきそうです。

試合や審査の当日は、やはり緊張します。剣道の大会は一日がかりのものが多く、出番の時間も散らばっているため、集中力を保つのが難しいです。張り詰め過ぎたらもたないし、弛《たる》んでいてもいけない。半日近く、ある程度の緊張感を保ち続ける必要があるのですが、これがなかなか大変なのです。

本番の日の過ごし方は、試合の合間に水分補給をしながら、ノートを開き、最初のページに書き留めてある心構えを確認します。

「今」に存在すること。タイムトラベルをしないこと。否定的な考えは、リラックスのためのシグナルとして受け止めること。自分にコントロールできないことは気にしないこと（雑音、床のベタつき、審判の判定、会場の暑さ・寒さなど）。

そして「ナウ！」という言葉。試合中だけでなく、必要な時はいつでも何度でも、頭のなかで「ナウ！」と繰り返します。ナウ、ナウ、ナウ……一日に何回言っているのでしょう？

自分の試合が終わるまでは、人の試合は見ません。仲間とも話しません。気を奪われるからです。食事も摂りません。体が受け付けないのです。その代わり、コーラを飲むなどします。ちょっとしたエネルギー補給、ちょっとした気分転換になります。

試合で心を落ち着けるため、他の剣道家も儀式めいたことをしているようです。友人のひとりは、試合前日に竹刀を抱いて寝ると言っていました。

日本人は、昔から道具を大切に使ってきた民族です。剣道の防具も、昔の職人がつくったものは本当に質がよいです。私は佐野先生から譲り受けた面を使っているのですが、手入れを欠かさず、修理に出していけば、一生使えると思います。

今から三十〜四十年前につくられた佐野先生の面は、現在普及しているものと比べると、とても重いです。今の面が軽自動車なら、佐野先生のはＢＭＷ。着け心地がまるで違い、心構えも変わります。

今、日本の職人の手による防具は、ほとんど見かけなくなりました。安価で割と質のよい、海外製の防具も出て来ていますが、修理に出すより新品を買った方が安い「使い捨て」の風潮は、好きではありません。

よいものを手に入れ、直して大切に使い続ける。そして弟子や後輩へと譲り渡す。自分が使う道具への思い入れも、戦う時の心構えを左右すると思うのです。

時代に即して慣習を見直す

稽古の後、互いに礼をする。剣道では礼も形のひとつで、その形式のなかに無心と残心、そして「相手に対する感謝」と「自分に対する反省」を内包しています。スポーツでもマナーとしての礼はありますが、礼そのものの練習をすることはありません。剣道、武道では礼法を学ぶことで、それにふさわしい心構えを養っていきます。ところが剣道でも近年、特に若い人の間で、形式だけの礼が増えてきているように思います。

学生の間では、ここ数年、フィストバンプが流行しています。日本語だと「グータッチ」でしょうか。お互いの拳をトン！と合わせる挨拶です。礼もそこそこにトン！と健闘を称《たた》え合っています。

コロナ禍を経て、人と人の日常的な距離感が変わり、世間的にも握手やハグの代わりにフィストバンプをする人が増えた、そんな背景もあるかもしれません。うちの学生だけかと思っていたら、出稽古先の大学でもやっています。口うるさい年配の先生も、それを見て何も言いません。

気持ちのこもっていない礼と比べて、フィストバンプは「よし！」と気持ちが入っているのが伝わってきます。お互いの励みになっているのなら、悪いことではない。私もそう思うようになりましたが、時代を感じさせる出来事です。

剣道の稽古では、つい最近まで多くの道場で、水分補給が禁止されていました。我が校では、コロナ禍が明け、マスクを着けて稽古するにあたり、「二十分ごとに休憩を取り、水分補給をする」との取り決めとなりました。二〇二二年のことです。

稽古中の水分補給は、武道の世界では長年のタブーで、私も当たり前のこととして受け入れていました。高校時代には、暑中稽古や合宿などで血尿が出ることもありましたが、それもある種の名誉とされ、今思えば危ないことをしていたと思います。

水分補給については、大正時代に東京帝大の教授が「運動中に水を飲むと効率が悪くなる」との論文を発表していて、それも禁止の根拠のひとつになっていたようです。

武道には引退が無いため、五十年、六十年前の厳しい指導を受けた人たちが、今も現役で指導をしています。そのため指導法も古いままで変わらないところがあるのですが、世の中は今、変わっているのです。

地球温暖化で、夏は昔よりはるかに暑くなっています。昔のやり方で、水分を摂らずに稽古をしていたら、熱中症で死ぬ可能性があります。

今をさかのぼること約十年。二〇一二年に武道が中学校の必修科目になる時、柔道には事故が多いことが問題となりました。また、一九八三年度から二〇二〇年度までに、部活や体育の授業で、「熱中症」や「頭を打った」「体罰を受けた」などの理由で、百二十一人の子どもが亡くなったという統計もあります。

剣道でも十年来、熱中症は問題となっていて、指導者の責任問題として、そしてコロナ禍を機に、水分補給が許可されるようになりました。これまでも、こっそり見つからないように水を飲むことはありましたが、「飲むのが当たり前」という風潮に、ようやくなりつつあります。

礼法や刀法など、決して変えてはならないものが武道にはありますが、しごきや体罰、水分補給の禁止など、時代の常識に合わない慣習は、改める必要があります。

指導者に求められる〝身を捧げる覚悟〟

時代は大きく変わっています。授業で学生に、価値観をはかる心理テストを行なうことがあるのですが、西洋人に近い個人主義的なパターンを示す者が増えています。長い間、日本人は集団主義と言われてきましたが、最近のデータを見ると、若い世代は個人主義に移行しているように思われます。

剣道の指導法も、これからは個を尊重した方針でなければ、若い世代はついてこないでしょう。ただ先に述べたように、武道とは本来厳しいものです。厳しさのなかに楽しさを見出《みいだ》し、自分で工夫することで心が強くなります。生きる力が身に付きます。

厳しさは武道の本質なので、変える必要はありません。そこを変えたら、武道が武道で無くなります。ただし本質はそのままに、「伝え方」を時代に合うものに変えていく必要があります。

たとえば、自分の剣道の実力を発揮できず、悩んでいる学生に対して、突き放すでも、甘やかすでもなく、こちらから声をかけて、胸を貸す。

学生には「勝負しよう」と言います。そして私の方では、相手に気づかれないように「打たせる稽古」をするのです。

はっきり言えば、わざと負けるのですが、あからさまに手を抜くわけではありません。それは相手に対して大変失礼なことで、また互いに得られるものもありません。

勝負と同じ心構えで、剣先で会話し、相手の得意な動きを引き出す。一瞬の隙をつくり、ぎりぎりのところでかわす。かわして、かわして、かわして、相手の力がピークに達するところで、打たせます。

自分の打突が見事に入ると、学生は吹っ切れた顔になります。「これだ、これをめざしていたんだ！」と。

力を出し切れていない、思うように体が出ていない時は、だいたい、心が詰まっています。行きたいけれど、行けない。自分の技に自信が持てていない。

そこでこちらが身を捨てて打たせることで、相手は思い切り打つことができます。最適なタイミングで、力を出し切ることができるのです。心の詰まりが取れて、一気に限界を超えます。

このやりとりは指圧や整体に似ていて、相手の「心のツボ」を押すことで、緊張をほぐし、力を解放するようなところがあります。仮に同じことを言葉で伝えてみても、頭で理解はできるでしょうが、技ができるようにはならないでしょう。

私にとってもこのやりとりは、「相手に悟られてはいけない」とのプレッシャーがかかり、また身を捨てて、相手の全力の一撃を受けることには覚悟が必要ですから、厳しい稽古になります。

思い返すのは二十歳の頃。二度目の来日の際、伊丹の修武館道場で稽古していたことは、第二章でお話ししましたが、帰国直前、範士九段の故・鶴丸壽一先生が「最後だから、俺の本当の稽古を見せてやろう」と声をかけて下さいました。

鶴丸先生は、戦前の武専（武道専門学校）出身の偉大な剣道家で、当時すでに老齢でしたが、相手が八段の先生でも、実業団のトップ選手でも、そして小さな子どもでも、必ず相手より「少し上」の力で、稽古をつけていました。

当時三段だった私も、何度も稽古をつけていただきました。鶴丸先生との稽古では「お、行けるな」という瞬間があり、すかさず小手や面を打ち込んだものです。「参った！」。先生の口からその言葉が出ると、心のなかでバンザイをしました。今思えば、先生が私に合わせてくれていたのですが、当時は真剣勝負だと信じて疑いませんでした。だから本気になれたし、先生から一本を取ることが、大きな自信に繫がったのです。

ですが最後の稽古の鶴丸先生は別人でした。全身から滲《にじ》み出る殺気、刃物のように鋭い眼光。剣というより大砲のような打突に、私は逃げ回ることしかできませんでした。今でも鮮明に、その映像が見えています。津波が押し寄せてくるような戦慄。佐野先生の掛かり稽古とは次元の違う恐怖でした。

今までの稽古は何だったのか？　鶴丸先生の凄さを思い知ると同時に、このままでは帰国できないと思いました。「死んでもいいから打ち返そう」、必死の覚悟で翌日改めて先生に稽古を申し込み、信じられないことに、小手を入れることができました。

当時すでに、私はニュージーランドで剣道クラブを主宰し、会員に指導をしていました。指導者となった私が慢心しないように、また人を指導できるだけの自信をつけさせるために、鶴丸先生はアメとムチを使い分け、武道の厳しさと奥深さを教えて下さったのだと思います。最後に小手が入った後の、先生の「参った！」の声は、今も心に響いています。

捨身の覚悟。佐野先生や鶴丸先生がそうであったように、武道の指導者たる者は、相手に身を捧げる覚悟が必要です。教え子にかけるプレッシャーやストレスが「暴力」になるか、「愛のムチ」になるか。これは判別が非常に難しく、かつ、その時々のケースによるものなので、マニュアル化したり、一般論として語れるものではありません。

ですが少なくとも私は、「自分の体を打っても、刺しても、斬ってもいいから、俺を使って強くなれ！」との覚悟で、この先も指導していきたいと思っています。

第四章　勝負の実践哲学

勝敗を超える品格

武道には引退がありません。本書ではじめに述べたように、三十、四十代を過ぎて、競技者としての一線を退いてからが本番。武道としての剣道が始まります。

武道としての剣道の修行では、若い頃に積んだ競技者としての経験が土台となります。ルールのなかで勝つために、体を鍛え、心を鍛え、技を鍛える。勝負の機微を知り、反則すれすれのきわどい技術を身に付けて、ゲームの勝ち方を覚える。そうした下積みのステップなしに、いきなり「本来の剣道」を究めようとしても難しいことも、はじめに述べました。

剣道家にとっては、まずは競技者として「相手に勝つ」ことが、稽古の最初の大きな課題になります。

そして四十代以降に始まる「武道としての剣道」では、「自分に勝つ」ことが稽古の課題となってきます。四十代より前に気づく人もいます。二〇二〇年東京五輪（二〇二一年開催）で空手道の銀メダルを獲得した関西大学出身の清水希容《きよう》さんと対談する機会がありました。彼女はまだ三十歳ですが、競技への興味は薄れ、人生哲学としての武道の哲学に傾倒しつつあると話してくれました。

ここでのキーワードは「品格」です。競技者の時代はとにかく勝てばよかったのが、武道家、求道者となると「いかに勝つか?」を問われるようになります。「反則すれすれのきわどいプレイ」で勝ったとしても、それはきれいではない。勝つには勝っても「品格の悪い勝利」とみなされ、本来の剣道からは遠ざかることになります。

「品格の悪い勝利」は、「品格のよい敗北」に劣ります。勝ち負けよりも大切なのは、品格なのです。武道の価値基準では「品格のよい勝利」が最上とされ、次に「品格のよい敗北」、そしてその下が「品格の悪い勝利」「品格の悪い敗北」となります。

堂々と相手と向き合い、正面から打って勝つ。恐れや焦りから来る「早く打ちたい」という気持ちを我慢して、勝機を捉えて打ち切る。これが「品格のよい勝利」です。そしてこのとき力及ばず、相手が勝ったとしても、それはそれで立派なことで、「品格のよい敗北」となります。

一方、堂々と来る相手に対して、ずるいことをして勝つ。これは「ゲームズマンシップ」と言いますが、フェイントをかけたり、「早く打ちたい」気持ちを我慢できず、イージーな技に頼る。これが「品格の悪い勝利」で、「品格のよい敗北」より下になるというのが、武道的な価値観です。

この「品格と勝敗」の関係をよく表している試合があるので、お話ししましょう。

完璧な一本

まずは範士八段同士の立ち合い。二〇一二年の全日本剣道演武大会（通称・京都大会）で行なわれた、作道《さくどう》正夫先生と真砂威《まさごたけし》先生の模範試合です。

おふたりとも、私が日頃大変お世話になっている先生で、共にこの時、六十代半ばでした。

正面から立ち合い、剣先が触れる「触刃の間」から、剣先を交える「交刃の間」へ。にわかに緊張感が高まり、互いの手の内を探っていきます。

ふたりとも、剣先で盛んに攻め合っていますが、微動だにしません。矛盾した表現になりますが、「動いていないけれど、めまぐるしく動いている」状態です。

無駄のない動きで、柔らかく剣先を使い、「表から攻めるか、裏から攻めるか」「上から行くか、それとも下か」など、無数の非言語的コミュニケーションを行なっています。そして相手の「驚・懼・疑・惑」が出る瞬間を静かに待っています。ふたりとも、ものすごい集中状態です。

固唾《かたず》を呑《の》んで見守る観客。私もそのなかにいたのですが、作道先生、真砂先生、どちらも一分の隙も見せないので、このまま終わるのかと思っていました。

その瞬間、
作道先生の面。

満を持して放たれた、見事な面でした。

水を打ったような静けさは破れ、どよめきが上がる会場。私も鳥肌が立ちました。これ以上のタイミングは無い、完璧な一本です。

打った作道先生も、打たれた真砂先生も、残心を崩しません。真砂先生は、一本を取り返さなければいけませんが、剣道は初太刀が命ですから、この立ち合いでは完全に負けています。

終了時間がすぐに来て、作道先生の完封で終わりました。

作道先生の面は完璧でしたが、負けた真砂先生も素晴らしかった。お互いの心技体が拮抗《きっこう》していなければ、あのような完璧な面は生まれません。「品格のよい勝利、品格のよい敗北」のお手本のような試合でした。

私が言える立場ではないのですが、この時、ふたりの間では、時間の感覚が無くなっていたと思います。いわゆるゾーンに入った状態で、あの完璧な面は放たれた。作道先生が意識して打ったのではなく、ふたりの気と気が限界までせめぎ合い、時間の消えた間合のなかで、自然に発生した一本だった。そのように思います。

負けと変わらない「勝利」

次の試合は、二十年ぐらい前に行なわれた全日本剣道選手権大会の決勝戦。当時錬士六段のA選手と、同じく錬士六段のB選手の対戦です。全日本選手権は競技剣道の最高峰。その年の剣道日本一を決める大会です。私は、立ち上げた英語の剣道専門誌「Kendo World」の取材で試合場の横からビデオを撮っていました。

ふたりとも警察の若手選手で、トップレベルの強豪でした。どちらともそれまで二位や三位にはなっていましたが、この試合に勝てば初優勝という状況です。

スピードとパワー、若い選手の試合にはパッションがあります。瞬発力とバネを活かし、怒《ど》濤《とう》の勢いで打ち込む。大きく派手なモーションで、相手の攻撃をさばく。会場の日本武道館の客席からも、大きな歓声が上がります。

伯仲する実力、互いに引かない攻めの姿勢。A選手もB選手も、正面から堂々と面を狙い、捨身でぶつかっていきます。正剣対正剣の、白熱した戦い。試合は延長戦にもつれ込みます。

本戦同様、延長戦でも激しい攻め合いが続きます。迷いなく面を打ってきたA選手に対し、

B選手がきわどく身をかわしました。そこですかさずB選手の小手！

審判が三人揃って、旗を上げました。小手でB選手の一本勝ち。A選手の面を誘っての実にテクニカルな小手でした。武道館が拍手と歓声に包まれます。

優勝を逃したA選手は、素直に負けを認め、堂々とした佇《たたず》まいです。敗れはしましたが、これは「品格のよい敗北」です。

一方のB選手。礼の後、相手に対して「ごめんね」の仕草で、小さく首をかしげます。私は近くでこの試合を見ていたのですが、試合場を引き上げるB選手が、「くそ！」と小声で漏らすのを聞きました。これは自分に対する「くそ！」です。

本戦から延長まで、自分も相手も、剣道の王道である「正剣」で戦ってきた。それなのに自分は最後、A選手の面に対して小手を打ってしまった。最後まで正剣で勝負してきたA選手に対して、申し訳が立たない。

念願の初優勝でしたが、観客から送られる拍手も喝采も、B選手の耳には届いていなかったかもしれません。最後の小手は、スポーツとして見ればスリリングな逆転技ですが、正剣に最高の価値を置く武道の価値観では少し「品格の悪い勝利」になるからです。

「打って反省、打たれて感謝」

そしてこのことを一番理解していたのが、他ならぬB選手でした。全日本選手権で優勝したのに、「くそ！」です。勝ち負けよりも、勝ち方に気を向けているのです。それまで正剣で戦ってきたのに、最後勝つために、小手を打ったことを反省している。これは見事な心がけです。真似のできることではありません。

剣道には「打って反省、打たれて感謝」という言葉があります。道徳的なスローガンに聞こえるかもしれませんが、これは修行の心構えを示した実践的な教訓です。この教えを守れない者は、絶対に強くなれません。

A選手にしてみれば、正剣を貫いたけれど、最後に相手の誘いに乗ってしまった。それを「フェイントなんてずるい」などと相手のせいにせず、潔く負けを認める。自分の至らなさを教えてくれた相手に感謝する。これが「打たれて感謝」です。

そして同じ轍《てつ》を踏まないように、新たな課題を設定して稽古していく。実際、その次の年も含めてA選手は、全日本選手権において通算三回の優勝を果たすことになります。

一方のB選手は「打って反省」です。私は数年前、ふたりの指導者にあたる先生と話す機会があったのですが、この試合の所感を伝えると、想像通りの答えが返ってきました。先生曰く、「B君は『A君に申し訳ない』と、自分の勝ち方をすごく反省していました。そしてそれ以降、正剣の稽古に一層力を入れるようになりました。A君も負けを認めて、さらに稽古を工夫し、次の年に優勝したのです」と。

あの試合でのA選手とB選手は、「打って反省、打たれて感謝」の精神を体現していたと思います。勝者も立派、敗者も立派。剣道日本一を決める、全日本選手権の決勝にふさわしい幕切れでした。

勝ったとしても、反省しなければいけません。勝ったという結果に満足せず、勝ち方のプロセスを詳細に検証する。「自分の打突は、たまたま運よく当たっただけではないのか?」「打つタイミングがまだ早かったのではないか?」「打ちたい気持ちをこらえきれず、焦って打ったのではないか?」。

先に挙げた作道先生のような、完璧な面を見てしまうと、自分の技に満足することはできなくなります。至らなさばかりが眼につくようになります。だから、打って反省。試合に勝っても自己満足で終われば、そこで成長は止まります。

「打って反省、打たれて感謝」は、道徳的スローガンではなく、自分の限界を超えていくのに不可欠な、実践的心構えなのです。

結果よりプロセスが大事

かく言う私も、「打って反省」の毎日です。八段合格をめざし、正剣を心がけ、面一筋の稽古に取り組んでいますが、いざ試合となると、つい小手を打ってしまうのです。

二〇二二年の京都大会。教士七段の試合で、私は同じ教士七段の女性剣士と対戦しました。彼女は、元全日本女子王者。女性ならではの独特な柔らかさもあり、強い相手でした。

試合そのものは、心にゆとりを持って臨むことができました。ですが改めてビデオを見返すと、私は少し品のない剣道をしています。

面よりも小手の数が多い。相手の出方をうかがい、自分から出ていこうとしない。小手から面といったコンビネーション技を使い、捨身の技を打てていない、等々。

先ほどお話ししたA選手のような、「打たれてもいいから正剣で行く」果敢さが見えてきません。

試合は小手が入り、私の勝ちとなりましたが、武道的に見れば、とても勝ちとは言えない内容でした。試合を見ていた、ある先生からも言われました。「アレック、そろそろ武道をやったらどうだ?」と。

この日はその後にもう一試合あり、大柄な男性の七段教士と対戦しました。この試合にも勝ちましたが、決まり手はここでもやはり小手でした。

記録としては、「京都大会で二勝」ということになります。ですが、私が理想としている作道先生や真砂先生の剣道からは、遠くかけ離れた勝利でした。だからうれしくありません。どちらかというと、恥ずかしいです。

繰り返しになりますが、武道の修行をするなら、「勝つ」という結果に喜ぶよりも、「勝ち方」のプロセスを反省しなければなりません。負けた場合も同じです。負けた原因は何だったのか? 品格はあったのか、無かったのか?

勝っても負けても、結果よりプロセスに注目する。長期にわたる武道の修行では、「今の自分の課題は何か?」を常に知っておく必要があります。

負けたら終わりの真剣勝負に品格は必要か

昨今は、プロセスよりも結果を重視する風潮にあります。膨大な情報が秒単位で更新されていくデジタル社会では、短期的な結果を次々と求められることは、当然のことかもしれません。

そしてそれに伴い、人々の思考が短絡的になっていっているようにも感じます。

若い世代に多く見られますが、「人生詰んだ」とか「負けたら死ぬ」とか、物事の良《よ》し悪《あ》しを非常に短いスパンで判断する人が、増えていると思います。自分の負けや過ちを、絶対に認めない人も増えました。

武道の原点を考えれば、「負けたら死ぬ」は間違っていません。剣道も元をたどれば、真剣で斬り合う「生きるか死ぬか」の世界ですから、死んだらそこで終わりです。

宮本武蔵も『五輪書』の冒頭で、

兵法を修行する武士の道とは、すべてにおいて、他人に勝つことが根本であり、一対一の斬り合いに勝ち、あるいは数人との戦いにも勝つことで、主君のためにも、自身のためにも、有名になること、一人前になること。

（宮本武蔵『真訳 五輪書』アレキサンダー・ベネット訳・解説、PHP研究所、二〇二一年）

と述べています。

ですから何度か述べてきたように、武道を始めたら、まずは勝ち方を覚えることです。相手との斬り合い（打ち合い）を、できるだけ経験しておく。正剣に繋がる基本技術を身に付けることはもちろんですが、試合に勝つためのテクニックや、反則すれすれの技術も身に付ける。後に正剣を究めるためにも、若いうちに多様な技術を身に付けておく必要があると思います。

『五輪書』によると、武蔵は十三歳で初めて真剣勝負を経験し、有馬喜兵衛という剣士を倒しています。十六歳で但馬国《たじまのくに》（兵庫県）の秋山という強い剣士に勝ち、二十一歳で京都に上り、国中の剣士と出会い、何度か戦いますが、勝利を収めないことはありませんでした。

その後も二十九歳まで諸国を転々とし、六十回以上の決闘で無敗をキープします。第二章で少し触れたように、『五輪書』で武蔵は「両手で太刀を構えるのは、実の道ではない」と言い、武器の選り好みをしないことや、持っている武器はすべて使うことなども勧めています。勝つためには手段を選ばず、邪剣も使っていたことでしょう。

しかし三十歳を超えたあたりで、武蔵のなかで大きな転換が起こります。

「自分のこれまでの勝利は、兵法の極意に基づいたものではなかった」。過去に経験したすべての真剣勝負を振り返り、武蔵はそのことに気づきます。

自分が勝てたのは、生まれつきの才能のため。たまたま運よく、自然の摂理に沿っていたため。もしくは、相手の力不足のため。いずれにせよ、自分はまだ兵法の極意をつかんではいない。

静かなる内省の末、それからの武蔵は「朝鍛夕練」をモットーに、猛烈な修行を開始します。そして五十歳の頃に、兵法の極意を悟ることになります。

十代の頃から「死んだら終わり」の真剣勝負に勝ち続けてきた武蔵も、三十を過ぎてからは「勝つ」ことより、兵法の極意という「勝ち方」の探究を始めているのです。それは生まれついての才能や運のよさ、相手の力量などは考慮に入れない、「自分と向き合う」修行でした。

そして兵法の極意を悟るのが、五十歳の頃です。武蔵ほどの剣豪でも、武道のエッセンスを体得するまでに、朝に夕に鍛錬を重ねて二十年を要しているのです。

勝敗の価値観を逆転する

「勝ち負け」や「強さ」の基準は、絶対的なものではありません。勝ちの基準も、強さの内容も、年齢や環境と共に変化していく相対的なものです。十代、二十代を生きる者にとっての「勝利」と、三十代以降の「勝利」では、おのずとその内容も異なります。

若者文化全盛の現代では、若い時代の勝利がすべてのような、ある種の錯覚があります。スポーツを例に挙げれば、歳を取って勝てなくなったら引退。そこで終わりという価値観です。

引退の無い武道では、三十、四十代を境に、「勝敗」の価値観が逆転していきます。品格の悪い勝利は、品格のよい敗北に劣るというように。「相手に勝つ」から「自分に勝つ」へ。「勝敗」から「品格」への価値観のシフトです。

先ほどのA選手とB選手の試合で見たように、負けてもそこに品格があれば、その敗北は決して無駄にはなりません。負けたことをきっかけに、自分の弱さと向き合うことができれば、大きな飛躍に繋がる可能性が出て来ます。

とはいえ、品格を勝敗より優先させるのは、勇気のいることです。私もいまだに試合となると、「勝ちたい」気持ちの方が勝ってしまいます。これでは強くなれないと思いつつ、勝つために小手を打ち、「品格の悪い勝ち」を選んでいます。

小手は私の得意技で、剣道を始めて最初に身に付けたのも小手でした。自分から一番近い位置にある小手は打ちやすく、全国的な統計を見ても一番多い決まり手です。手っ取り早く「勝てる技」として、小手は多くの剣道家に重宝されています。

私は若い頃から小手を工夫して、独自のフェイントや、胴や面とのコンビネーションを開発してきたのですが、そのおかげで勝ち星を重ねてきたところもあります。ところが今はその小手が、八段合格の妨げとなっています。使い勝手のよい小手に頼ることで、勝負には勝ち、品格では負ける日々です。このことを十代、二十代の自分が知ったら、一体どう思うでしょう？勝ち負けや強さの基準は、年齢や環境と共に変わっていくのです。

「死んだら終わり」の殺人刀で始まった剣術は、江戸時代に柳生宗矩《やぎゅうむねのり》が会得した活人剣の境地により、「人を活かす道」へと変わっていきました。二十代までは斬り合いに明け暮れていた武蔵も、三十代以降は内省的な求道者へと変わりました。五十代以降に書かれた『五輪書』で武蔵は、自分の兵法を、「正しい行動や振る舞い」「国を治めること」「民を養うこと」など、平和的な用途にも応用できるとしています。

打たれて感謝。あの時負けてよかった。勝敗の価値観が逆転することで、長期的なスパンでの成長が可能になります。人生百年の時代、死ぬまで引退はありません。「負けたら死ぬ」の風潮が強まる時代に、武道の精神を知ることは「勝ち負け」への過度な執着を和らげ、視野を未来へ広げるきっかけになると思います。

「残心の哲学」が問うもの

「打って反省」の精神を、もう少し掘り下げてみましょう。自分の「勝ち方」を反省することで、自分の限界を超えていく。先ほどそのように解説しましたが、実は「打って反省」の精神には、「勝つこと」そのものへの反省が込められているのです。

このことを教えて下さったのは、第三章で紹介した井上義彦先生です。先生が生前おっしゃっていたのが、

「剣道とは、刀を持って相手と戦うことです。だから相手の面や小手を打つことは、相手の命を奪うということです。喜ぶようなことではありません。相手の人生を絶ち切ったことへの懺《ざん》悔《げ》の心で、反省をしなければなりません」

ということでした。そしてこの「懺悔の心」は、残心の持つ重要な意味だとも言うのです。

残心は、現代剣道のルールで言えば、「有効打突（一本）が決まった後の身構え、気構え」ということになります。打突が決まった後も油断をせず、相手の反撃に備えて再び構える。もし打った方がガッツポーズを取るなどしたら、礼節と残心が欠けているとして、その一本は無効になります。

また第二章で図解したように、残心は「無心」「捨身」と円環を成して、剣道の一本を構成しています。無心で打つことができれば、その打突は捨身となり、捨身で打ち切ることができれば、おのずと心が戻り、残心となります。そして残心は再び無心へループしていくという話でした。

相手の反撃に備えて、油断せずに構える。これは自分が生き残るための心構えで、相手に勝てばよいという「殺人刀」の段階です。

アメリカの海兵隊には「ＭＣＭＡＰ（海兵隊武術プログラム）」という独自のカリキュラムがあります。これはさまざまな近接格闘術を統合した戦闘プログラムで、精神面でも「名誉、勇気、献身」といった道徳心の教育を行ない、倫理的にもすぐれた隊員の育成をめざすものです。

私の剣道仲間に、このプログラムを受けた元・海兵隊員がいます。彼はイラクに派遣されたこともある戦争経験者です。その彼に、戦場での心構えについて聞いたことがあります。

彼の話では、実戦の局面ではやはり「返り討ちに遭わないように油断をしないこと」を必ず指導されるとのことでした。残心に通じる心構えです。

そして「もし避けようがないのであれば、自分が生き残るために相手を殺すだけだ」と言いました。またその一方で、ＭＣＭＡＰでは「戦争のなかでも、倒した相手に敬意を払うこと」も教えられたと言います。彼は言いました。「残酷なことは絶対にしてはいけない。自分には海兵隊員としてのプライドと社会的義務があるからだ」と。

二〇一二年一月、米海兵隊の四人の狙撃手が、アフガニスタンで三人の死者に放尿しながら冗談を言い合う映像が、YouTube で公開され、世界中で非難される出来事が起こりました。

この出来事について彼に聞くと、「あの事件はあり得ない。名誉はなく恥だけだ」と首を振りました。

米国防総省は、二〇一二年に発表したＭＣＭＡＰの報告書のなかで、戦闘員が適切な「人格鍛錬」を受けていない場合、いかに非倫理的になり得るかをレポートしています。報告では、前出のアフガニスタンでの犠牲者に対する海兵隊員の行為が、戦時の行動を規制するジュネーブ条約に違反していることを指摘。隊員の人格鍛錬が十分にされていない場合、何が起こり得るかについて言及しています。

要約すると、「戦争における戦闘の真髄は、人を殺すことに根ざしている。そして一度殺人を犯してしまうと、専門的な矯正プログラムで人格の再統合を図らない限り、その行為をやめさせることは難しい」となります。

結論として報告書は、人の命を奪うという行為が、個人の人格に深刻な悪影響を及ぼすことを警告しています。

元・海兵隊員の友人の話。ＭＣＭＡＰの報告書。そして井上先生の言葉。残心という「戦いの場における心構え」について考え始めると、きりがなくなります。

相手から一本を取った時、うれしくないと言えば嘘《うそ》になる。しかし「相手を打つ」ということは、人の命を奪う行為に由来している。では自分はなぜ、相手を打とうとするのか……。

残心の哲学について、私のなかではまだ結論が出ていません。

本能より強い力を秘めた残心

残心について、少し視点を変えて考えてみましょう。たとえば「懺悔の心」とは対極に位置する、「ガッツポーズ」との関係性から見ていくと、残心の本質はより鮮明になります。

「一生懸命に練習してきた技が決まって、相手に勝つことができた。ガッツポーズのひとつくらい、いいじゃないか」

剣道を始めた頃は、私もそのように思っていました。でもガッツポーズを取れば、一本が無効になるから仕方ない。言われた通りに、形だけの「残心のポーズ」を取っていたものです。

日本ではガッツポーズと言いますが、英語では「ビクトリーポーズ」です。二〇一四年、サンフランシスコ州立大学のデイビッド・マツモト教授が、ビクトリーポーズに関する研究論文を発表しています。

研究対象は、オリンピック、パラリンピックの柔道競技の勝者。論文では、あらゆる文化圏の選手、そして視覚障害のある選手にも共通して、ビクトリーポーズが見られることに言及しています。

ビクトリーポーズは勝利を表す身体表現で、負けた相手に向かって、腕を上げる、胸を張る、微笑《ほほえ》むなどの動作をアピールすることで、自分の優位性を誇示します。そしてこの行動の背景には、本能的な反応が存在していると著者は主張します。

ビクトリーポーズは、自分自身の「喜びの表現」でもあり、相手に対する「社会的なメッセージ」でもあるというのが著者の仮説です。人間は社会的な動物ですから、社会秩序のなかで相手の優位に立とうとするのも「人間的な本能」ということになります。

この論文の説を取るならば、ガッツポーズは人間の本能的な反応になります。そしてその「本能的な反応」を抑制する行為が、残心にもなります。本能的な反応を抑えるわけですから、残心には相当な鍛錬が必要ということです。

以前、私は著書(『日本人の知らない武士道』文春新書、二〇一三年)のなかで、柔道選手のガッツポーズを、残心を欠いており「武道とは無縁だ」として、その在り方を問いました。

武道の世界では、自分の勝利を誇示する行動を戒めてきました。一九八七年に日本武道協議会が制定した「武道憲章」においても、第三条に「勝っておごらず負けて悔まず、常に節度ある態度を堅持する」との一文が明記されています。

また、なぎなたや居合などの古武術の形でも、最後にガッツポーズをする者を見たことがありません。どの流派のどの形でも、最後に残心を示し、相手に礼をして終わります。

私は、スポーツ選手のガッツポーズを軽んじるつもりはありません。ただし戦の世界で生まれた武道で、敗者に対して自己の優位性を誇示することは、傷口に塩を塗るような行為です。残心の欠如は、剣道では明確なルール違反であり、相手に対する非礼にもなります。闘争本能がむき出しになる戦いの場だからこそ、人間性を忘れてはいけません。

柔道の世界でも、二〇二一年開催の東京五輪で金メダルを獲得した大野将平選手のような、ガッツポーズも笑顔も見せない選手が出て来ました。喜ばしい傾向だと思います。大野選手はインタビュー記事で、「悔しがっている相手に対して、こちらが喜ぶということは、その相手に悔しさ以外の余計な感情を芽生えさせる結果になるかもしれない。だから何もしない」と発言しています。残心を感じさせる言葉です。

勝っておごらず、負けて悔やまず。残心は、スポーツには見られない、武道特有の作法です。井上先生がおっしゃっていた「懺悔の心」とは、「自分の罪を悔い改める心」であり、「慈悲の心」と言い換えることもできます。また武士道で重んじられてきた「惻隠《そくいん》の情」にも通じるものがあるでしょう。惻隠とは、他人の苦しみや悲しみに触れて、哀れに思う気持ちのこと。現代風に言えば、自分の置かれた立場や境遇を超えて、他者への共感や思いやりを持つことです。「慈悲」とは「慈しみ、憐《あわ》れむ」ことを意味する仏教用語で、多様な解釈がなされる言葉ですが、あまり難しく考える必要はありません。「自分が勝った」という心持ちは慈悲に欠け、負けた相手を思いやる気持ちは慈悲となります。ですからまずは、形通りに残心と礼を行なうことです。

勝ちを喜ぶ気持ちは本能的なもので、抑えるのが難しいですが、残心には本能よりも強い力が秘められていると思います。自分のエゴを抑え、他人を思いやる。残心の実践を続けていくと、道場を離れた日常生活の場でも、品格や風格のオーラが身に付いてくるように思います。

無名の達人

普段とは違う環境に身を置く。出稽古には、試合にも似た緊張感があります。どのような相手が出て来るか、わかりません。

先日は週末を利用して、日頃お世話になっている先生と仲間たちで、関東の三つの道場に遠征しました。関西からの客人扱いになりますが、こちらとしては関西代表として、一番よい稽古を見せる意気込みで臨みました。

東京のある道場でのことです。年の頃はおそらく五十代、大柄で眼の鋭い相手と立ち合うことになりました。相手の中心に狙いを定め、気を前面に押し出しながら、じりじりと間合を詰めていきます。

打ち間に入るまでの緊張感。間合の大きさは、人それぞれ違います。この相手の間合は、どれくらいのものか？　集中が高まるにつれ、時間がスローになっていきます。意識が研ぎ澄まされていきます。

剣先と剣先、気と気が微かに触れ合う「触刃の間」へ。非言語的な情報が飛び交い、打つ機会が生まれては消えていきます。

気と気の攻め合い。相手が来るか？　こちらから行くか？　来るか、来るか、よし今だ！

は？　届かない？　満を持して放った私の面が、空を切ります。相手は一歩も退がっていません。

そこをパーン！　相手の面が決まりました。

パーン！　パーン！　パーン！　来るとわかっているのに打たれます。面、面、面。相手は堂々とした正剣です。私だけ、だんだんと息が上がっていきます。

「何だこの人は？」。仲間も皆、驚いています。大きな大会で見かけたことも、噂《うわさ》を聞いたこともありません。こんなところに、こんな強い人がいたのか。

相手に隙が無いわけではありません。小手なら入りそうです。でもそれでは勝ったことになりません。

私が今、八段合格をめざして、面打ち以外はしていないから。理由はそれだけではありません。

相手の堂々とした身構え、気構え。まるで「面でしか勝負しないよ」と言っているようです。こちらとしても、受けて立つしかありません。

（面で行くしかないんだろう？）

眼で言葉を交わし、再び触刃の間から、気を溜めて、溜めて、溜めて、打つ！

なぜ届かない？

パーン、パーン、パーン……。

結局その人を打つことはできませんでした。

本物の技術を身に付ける道

稽古の後、その人と少し話しました。稽古中は鋭い眼をしていましたが、面を外し、マスクを外すと、笑顔が見えました。大柄ですが、話してみるとすごく優しい人です。稽古中の印象とのギャップに驚きました。

磨き抜かれた正剣。体格にも恵まれているので、剣道の猛者が集まる警視庁の方かと思いました。警察でもなければ、これほどの鍛錬を積む時間はないだろうと。

しかし道場の先生に聞いてみたところ、その方は国立大学卒の銀行員でした。二重三重の驚きです。ビジネスの世界に身を置きながら、非常にレベルの高い正剣を身に付けています。限られた時間のなかで、一体どのような稽古をしているのでしょう？

東京の道場での稽古を終え、その足で千葉の松戸へ。松戸には、範士八段の岩立《いわたて》三郎先生が指導している道場があります。

岩立先生の道場でも正剣の使い手が多く、私も先生から正剣の指導を受けました。関西と比べて関東は正剣が多く、強い剣士も多い印象です。岩立先生に、先ほどの道場での出来事を話すと、なんとあの銀行員は、岩立先生の道場生でもあるといいます。

試合での実績は無いけれど、基本的な打ち方や、打つタイミング、技の入り方など、剣道の基本を徹底的に研究している。正剣一本で、常に稽古ばかりしているという話でした。

試合での実績が無いということは、相手に勝つということにあまり興味が無かったのかもしれません。ひたすら自分と向き合い、武道としての剣道を究めようとしてきた。

私はこの三十年、剣道の世界を見てきましたが、いつの時代にも天才的な選手はいました。ずば抜けた身体能力、眼を見張るセンス、独創的な技術。周りから頭ひとつ抜けていて、試合に出れば必ず勝つような選手です。

そういう人が中学、高校、大学と活躍して、警察に入り、さらに特練員（術科特別訓練員、警察剣道の訓練集団）に選ばれ、全日本選手権に出場する。剣道のエリートコースを直進し、晴れ舞台を踏むわけですが、少なくない人がその後、姿を見かけなくなります。

その一方で、四十代、五十代になって、本物の実力を身に付けた人物が現れてきます。私が出会った、銀行員のような。

もちろん若い頃から活躍し、そのまま修行一筋で八段になるような、天才肌の先生もいます。ですが多くの場合、若い頃に花開いた天才タイプは、競技の剣道から武道の剣道への切り替えが難しいようです。

理由としては、身体能力や反射神経に頼っていた昔の癖が抜けないということもあるでしょう。勝ちへのこだわりが手放せず、打たせる稽古が苦手という人もいます。

私は今、毎日の基本稽古で、ほとんど面以外は打っていません。これまでの三十数年、稽古や試合での経験から、いろいろな技術を身に付けてきました。そして今、無駄なものを削《そ》ぎ落とすため、再び面に戻ってきました。

そして今回、銀行員との面勝負で何度も打たれました。

なぜ届かない？　なぜ打たれる？

少し時間が経ってから、自分の面の欠点が見えてきました。面の欠点は、私の剣道全体の欠点です。面がよくなれば、他のすべてもよくなるはず。今後の稽古の課題です。

あの銀行員は、試合では活躍してこなかったようですが、剣道の基本的なことだけを稽古して、美しい花を咲かせていました。この時の出稽古は私にとって、忘れられない出来事になりました。

筋肉で打つな、骨で打て

現在の目標である剣道八段。これまで審査を五回受けてきて、まだ合格できていません。二〇二三年に名古屋会場で受審した時のビデオを、お世話になっている先生に送って、見ていただきました。先生からは、「すべての技を上半身だけで打っています。腰から打てていません」

との返事をいただきました。

肩や腕の力を使わず、足腰の踏み込みの力で打つ。これは剣道の基本ですから、それができていないということは、ゼロからやり直しということです。

私の剣道を真剣に修正して下さる教士八段のK先生から別の機会に、力が入り過ぎていることも指摘されています。「剣道に力はいらない。中世の騎士とは違うのだから。お前はまだ日本人になり切っていない」と。

力を抜くためには「筋肉ではなく骨で打て」と先生は言います。それが打つ骨《コツ》なのだと。抽象的な教えですが、たしかに本当にうまい人の剣の振りには、力が全く入っていません。

やはり上半身、つまり肩や腕に力が入ると、技に冴えがなくなります。パワーはあるかもしれませんが、全体的なスピードが落ちて、刃筋もぶれてしまう。技として品が落ちるのです。

また肩の動きがサインとなり、「動きの起こり」として相手に伝わりますから、技を読まれてしまいます。

八段の先生と稽古すると、起こりが無いので、動きが見えません。気づいた時には、もう打たれています。本書冒頭に出て来た「八十歳の剣士」の技も、この術理に基づいているものです。力が抜けているので、動きの起こりが見えず、すっと自然に入ってくるのです。

自然体とは、力が抜けているということです。剣道の打突には、パワーもスピードも必要なく、八十歳の剣士の動きは、まさに剣の術理を体現していました。

私も力を抜くことができれば、ブレイクスルーできるはず、なのですが……。


先生がおっしゃるように、私は日本人になり切っていません。それはその通りです。大学の剣道部の日本人学生を見ても、彼らの竹刀の振りには無駄な力が入っていません。力が入るのは、打突のインパクトの瞬間だけです。

先生の話では、日本人は子どもの頃からチャンバラごっこをしているから、力が抜けているのだといいます。「アレック、お前はチャンバラをやっていなかっただろう?」と。

ニュージーランドにもチャンバラはあるのですが、西洋式のソードファイティングです。まさに中世の騎士のスタイルで、片手に盾を持ち、もう片方の手で両刃の剣を操ります。体の使い方も、力の入れ方も、日本のチャンバラとは大きく異なります。

何歳から剣道を始めていたか? 大学の剣道部の日本人学生のように、子どもの頃から始めていた者は、まだ力が無い頃から竹刀を振っています。だから力が抜けています。

私の場合、剣道を始めたのは十七歳からなので、ある程度の筋力がついたところで剣を振り始めました。そうすると、どうしても肩や腕の力を使ってしまうのです。この癖がなかなか直らないため、「力が入り過ぎている」ことは、以前から指摘されてきました。

自分としては力を入れているつもりはないのですが、ビデオで確認すると、たしかに肩に余計な力が入っています。技に冴えが無いわけではないのですが、力を使った冴えになっています。

「のこぎりの切り方も逆だろう?」と先生は言います。押し切りと引き切り。ニュージーランドなど西洋では、のこぎりを押して切る「押し切り」ですが、日本では引いて切る「引き切り」です。押して切るには力を入れますが、引いて切るには力をうまく抜かないと歯が滑らかに動きません。その違いで、力の使い方も全く変わってくると言うのです。

私はずっと「人間は皆、同じ」と思ってきましたが、文化の根本的な違いというものはやはり存在します。いくら剣道の技術が上達しても、どうにもならないところがあるようです。

自分は弱いな、ダメだな。八段に合格できず落ち込む私に、先生は「お前は弱くない。強いんだよ。でもズレているんだ」と言います。この先生の言葉はいつも禅問答のようで、具体的な回答を与えてはくれません。抽象的な言葉を手がかりに、自分で工夫していくしかないのですが、先生は私のことをよく見ています。そして何が私の上達を妨げているのかを、一生懸命考えてくれています。

異なる文化の壁を挟みつつ、師弟同行で修行は進んでいきます。

笑うことで力が抜ける

肩の力を抜き、動きの起こりを消すには、どうすればよいのか？　稽古を工夫していくうちにひとつ発見したのは、「顔の力を抜く」ということです。

剣道では気合を入れて、大きな声を出して、気と気で攻め合います。この時どうしても「行くぞ！」という表情になるので、それが気の起こりとして相手に伝わるのです。

そこで「知らん顔」をして打ってみると、これが意外に当たるのです。気には「虚」と「実」の状態があり、「行くぞ！」が気合の入った「実」の状態、「知らん顔」は気配の消えた「虚」の状態です。要は、気配を消して攻めるわけですが、相手の気に反応するように訓練されている剣道家（特に経験の浅い学生）は、この「気配の無い攻撃」には反応できないようです。

「知らん顔」は、ムエタイの選手がよくやっています。ここ二十年、海外の格闘技大会や日本のK-1などで、タイの選手が活躍するようになりましたが、最初のうちは彼らの「知らん顔」を批判する声が上がりました。やる気が無いように見えたり、相手に失礼だと捉えられたのです。

ですがこの脱力した表情が、ムエタイの奥義でした。踊りのような独特のリズムと相まって、攻撃が予測しづらいのです。また顔の力を抜くことで全身の力が抜けて、ムチのようにしなやかな蹴りを放つことができます。

顔の表情については、『五輪書』にも記述があります。一部を抜粋すると、

眉間にしわをよせて、目玉を動かさないようにして、まばたきをしないように心がけ、目はいつもより少し細めて、周囲を広く観察する。

（前掲『真訳　五輪書』）


とあります。

要点としては、「額にしわをよせず、眉間にしわをよせ、目を少し細める」ことになりますが、少し難しいかもしれません。

同様の表情を、もっとシンプルな方法で伝えているのが、宝蔵院流槍術《そうじゅつ》です。「大悦眼《だいえつげん》」という秘伝があるのですが、「眼でにこっと笑

大悦眼

うこと」、やることはただそれだけです。

心で笑う必要はありません。眼で笑います。眼が笑うと、面白いことに、力が抜けるのです。気を抜くことのできない、稽古や試合の最中においてもです。

目尻を柔らかく、柔らかく、ゆるめる。不思議なことですが、笑顔ひとつで本当に力が抜けるのです。

これまでにも、いつも笑顔で稽古をしている先生がいて、怖い人だなと思っていました。相手を打つことに喜びを感じる、サディストなのかと。しかし、そうではありませんでした。笑顔をつくることで力が抜けて、動きの起こりが消えて、全力で打ち切ることができるのです。

肉体的に見れば、全身の筋肉は、筋膜という一枚の網目のような筋繊維で覆われています。顔の筋肉がゆるめば、筋膜を伝わって自然に、全身の筋肉がゆるむのかもしれません。

これは余談ですが、ニュージーランドのラグビーにダミアン・マッケンジーという選手がいます。二〇二三年のワールドカップでもオールブラックスに選出され、日本のトップリーグでプレイしていた時期もあります。

ニックネームは「微笑みの貴公子」。プレイスキックを蹴る前に、彼は必ず不敵な笑みを浮かべます。緊張の素振りも見せず、リラックスしてキックします。ゴールポストの間に吸い込まれていくボール。彼のスマイルを見るたび、私は「これだ、これだ」と頷《うなず》いています。

木鶏《もっけい》になるために

私の八段合格の妨げとなっているもの。数え上げればきりがありませんが、「打たれたくない」という恐れと「自分が打ちたい」という欲が、大きな妨げとなっている気がします。打たせる稽古を行なっていることで、徐々に克服できてはいるのですが、やはりまだ恐れと欲が残っています。先日の稽古でもK先生に言われました。

「木鶏にならないといけない。まだまだお前は欲が出ている。だから自然な技が生まれないのだ」と。

『荘子《そうじ》』の一篇《ぺん》、「木鶏」。十分に修練した闘鶏が挑発に動じず、強さを誇示せず、相手を従わせる徳を備えている様を、木彫りの鶏にたとえたエピソードで、「不動心」を表す言葉として使われています。

八段の審査に合格するには、合気になって「相手を使う」剣道をしなければなりません。第三章で解説した「相手の先を取る」剣道です。競技剣道しか知らない若い学生が相手なら、先を取ることは容易です。しかし八段審査の相手は、四十六歳以上の七段です。実力も、稽古の量も、考えていることも、自分と同じか上の相手です。

そういう相手を「使う」、つまりコントロールすることは、至難の業です。自分の身を相当危険なところに置かないと、勝機を見出すことはできません。「打たれてもいい。打たれることを恐れない。さあ！　こい！」という心構えで、相手が打つぎりぎりのところで、打つ必要があります。相手の「打ち」の「う」を先に捉えて打つのです。

理屈はよくわかっているので、このように説明することはできます。ですが実際眼の前に人がいると、そう簡単にはいきません。

やはり怖いのです。打たれたくないから、辛抱せずに自分から先に動いてしまう。それでは相手を使うことはできません。相手に使われています。頭で判断して動くのではなく、体が自然に動かないといけないのです。それが本当の捨身で、意識的に行なう捨身は、身を捨ててはいないのです。

だから木鶏のような不動心、つまり無心にならないと、本当の捨身はできません。そして本当の捨身ができた時に生まれるのが、本当の残心ということです。

一体どうすれば、身を捨てることができるのでしょうか？

一本取られたのに心が震える

「どうすれば八段に合格することができるのか？　そもそも自分は八段に合格できるのか？」最近はいつも八段審査のことばかりで、大好きな山に登る時も、ずっとそのことを考えています。

先日は北海道の大雪山系のトムラウシ山に登ったのですが、登頂したところで大きな雷が落ちました。前触れもなく突然、ガシャーン！です。

山では何が起こるかわかりませんが、一番怖いものは雷です。いつ来るかわかりません。音も凄いし、光も凄い。いきなり爆発します。

剣道にも時に、雷のような瞬間が訪れます。気で攻め合い、気を溜めて溜めて溜めて、突然ガーンと爆発する。見事に面が決まる。自然に発生する無意識の技です。

そこに至るまでのプロセスは、とても穏やかなものです。スローに流れる時間のなかで、音もなく攻め合っています。そこで突然、何かが爆発するのです。山の雲から前触れなく、雷が落ちるように。

「身を捨てる」とは、気で攻め切ったところで起こる、意図を超えた何かです。いつでも起こることではないし、できるようになるまで相当の修行が必要です。

ですが、それは起こります。何も考えず、かーん！と体から行く。オートパイロット（自動操縦）でとてつもない力が出る。決まった後に「今のは何だったのだろう？」と、我に返るような一本。雷のような捨身です。

「勝たなければいけない」と考えているような時は、自然な捨身は起こりません。無心になれていないからです。運よく一本入ったとしても、それはつくり物の捨身です。

雷のような一本で、相手に打たれる時もあります。そういう時は心が震えます。相手に対して心の底から、「参りました」という気持ちが湧いてきます。打たれてよかった、よいものを頂戴した。深々と頭を下げます。一度死んで生まれ変わったような、とてもよい気分です。

これこそが勝ち負けを超えた、本当の「打たれて感謝」なのだと思います。

フローに入る時

無心から自然に生まれる捨身。これは心理学でいう「フロー」の状態です。日本では「ゾーン」と呼ばれることが多いようですが、心理学者の故・ミハイ・チクセントミハイが提唱した「フロー」の概念は、武道の世界でも研究されています。

フローは活動の没入状態を指し、「高度の集中と感覚の拡大、まったき自己統御、時間感覚の喪失」といった意識の変容を伴います。

人類学者のリチャード・ヘイズは、戦闘における心理的要素を三つのカテゴリーに分類しました。①「不動心」、②「認識・直観」、③「意志作用」の三つです。

本書で説明してきた概念に置き換えれば、①の不動心は「無心」に近いものであり、②の認識と直観は「間合における非言語的コミュニケーション」、③の意志作用は「相手の先を取る意志」となります。

この三つの心理作用が共同して働く時、フロー状態が生じます。武道研究家のデイヴィッド・ホールは、フローを「時間が歪《ゆが》められ、幸福感に圧倒される心理状態」として、このような変性意識にある者は、創造的な心理状態に入っていくとしています。

武道におけるフロー状態については、海外の方が研究が進んでいますが、昔の日本の武道家は「入神の技」とか「無念無想」「遊戯《ゆげ》三昧」などの表現で、フローのことを伝えてきました。

現代剣道に大きな影響を与えている小野派一刀流剣術では、第一章で解説した「守破離」について次のように伝えています。


初めはよく師の教えを忠実に守つて一点一画も過ちなからん事を期し、これを体得し、進んで自ら発明する所があると、その形を破り意を破り術を破つてこれを離れ、新たな領域へと新天新地への道を拓《ひら》き、無限世界に邁進し、遂に一切合切の完成した一に達することを心懸けなければならない。

（笹森順造『一刀流極意』礼楽堂、一九九七年、傍点筆者）

守破離の離の段階で訪れる「無限世界」「完成した一」という境地は、フロー状態と、そこで起こる自然な捨身、そして先に挙げた作道正夫先生の「完璧な一本」を連想させます。

フローに入るためのスイッチを、私は知りません。何らかの条件が揃った時に起こるものを経験しているだけです。「今、フローになっている」という自覚もありません。それは後から気づくものです。

そしてフローになったからといって、必ず勝つわけでもありません。勝つ時もあれば、負ける時もあります。

しかし勝ち負けに関係なく、フローは気持ちのよいものです。そこには「打たれる恐怖」も「打ちたい欲」も存在しません。スローな時間のなかで、無心で相手と向き合い、捨身で打ち切ることができます。

守破離の離で訪れるという「完璧な一本」をめざして、稽古。稽古、稽古、稽古。稽古あるのみです。

リズムの切れ目が「隙」になる

力が抜けることで、動きの起こりが消える。年配の先生と稽古をすると、すっと自然な動きで打たれるという話をしましたが、これにはもうひとつ「拍子」の要素もあります。拍子、すなわちリズム。相手の呼吸を見て、息が乱れたところや、息継ぎのタイミングでポンと打つ。相手の呼吸の切れ目、リズムの切れ目を狙えば、スピードは必要なく、ゆっくりな動きでも当たります。

すべてのものには、それぞれの「拍子」があり、拍子とはすなわちリズム、テンポ、律動やメロディー（旋律）、モメンタムといったものになるが、兵法の拍子の場合は、鍛錬なくして、会得はできない。（中略）

まずは自分に合う拍子を知って、次にそうではない拍子を知って、わきまえ、さらに、大小・遅速の拍子の中にも、適当な拍子を知り、相手と間を取り、相手の間に入らないで、

狂わせ、従わないタイミングの取り方を体得することが、兵法において、非常に重要なことである。（後略）

（前掲『真訳　五輪書』）

『五輪書』には、拍子についての記述が幾度となく出て来ます。戦いにおけるリズムやタイミングを、武蔵が重視していたことがわかります。

拍子については、音楽を例に挙げるのがわかりやすいかもしれません。アメリカ人の剣道仲間で音楽に詳しい者がいるのですが、彼が面白い分析をしています。曰く、

「ほとんどの人の構えのリズムは、2または4ビートである」。

2ビートは四分の二拍子、4ビートは四分の四拍子。一小節に四つ拍子があるのが、四分の四拍子。私たちが耳にする音楽の大半が、この四拍子のリズムです。

ここでは話をわかりやすくするため、一小節を四秒ということにしましょう。四拍子では一小節に四分音符が四つ並び、一秒刻みで「一、二、三、四」のリズムを繰り返します。

四分の二拍子は、一小節に二分音符がふたつ。二秒刻みで「一、二」のリズムを繰り返します。四拍子の半分の、ゆったりとしたテンポです。

これが逆に「四分の八拍子（8ビート）」「四分の十六拍子（16ビート）」になると、倍速の速

いテンポになっていきます。八拍子は〇・五秒刻み。十六拍子は〇・二五秒刻みです。

剣道では二拍子、四拍子のリズムが大半ですから、相手の呼吸や攻撃から、そのリズムを把握して、リズムの切れ目を狙うのです。このリズムの切れ目が「隙」です。たとえば「一、二、三、四」の三と四の間の隙を、「一、二」の一と二の間の隙を、狙って打ちます。

また相手のリズムを狂わせるのに有効なのが、「拍子を外す」ことです。それまでの自分のリズムを変えます。たとえば四拍子だったものを、三拍子に変えます。三拍子は「アン、ドゥ、トロワ」のワルツのリズムですから、二拍子か四拍子しか知らない相手は戸惑います。そうしてリズムが狂ったところを打つのです。

若くてスピードのある学生のなかには、八拍子や十六拍子の速いテンポで攻めてくる者もいますが、どんな速い攻撃でも必ずリズムの切れ目はあります。そこを狙えば問題ありません。また八拍子も十六拍子も、二の倍数のリズムですから、ここでもやはり変則的な三拍子は有効です。

若い時期は、直線的な技のスピードを追求して、速い動きに対応できるような訓練をします。学生はいわば「速い動きに反応する設定」になっているので、遅いテンポや変則的なリズムで来られると、バグを起こすのです。私が「知らん顔」をしたり、急にゆっくり打つと、学生は

「え？」と固まって打たれます。

ただしトップレベルの選手になると、三十二拍子のような非常に速いリズムで、瞬間的に打ってきます。こちらも高い集中力で臨まないと、打ち込む隙が見出せません。

八段の先生には「無拍子」の方もいます。呼吸が読めないのです。剣道では暑中稽古と寒稽古を行ないますが、冬の一番寒い時期に行なう寒稽古では、吐く息が真っ白になります。白い息は呼吸を読む手がかりになるのですが、その先生の息は見えないのです。いつ吸って、いつ吐いているのか、全くわかりませんでした。

リズムは国によっても異なります。海外に行くと、強いわけではないのですが、リズムが変則的でやりづらい相手がいます。来ると思ったら来ない、来ないと思ったら来る。日本の剣道のセオリーが通用しません。武蔵の言う通り、すべてのものには、それぞれの拍子があるのです。

八段の壁

「相手を使うことができた。攻められることもなかった。今回は私が勝っただろう」

二〇二三年、名古屋で行なわれた八段の一次審査。手応えはありました。これで二次審査に進むことができるだろうと。

しかし結果は不合格。二次審査に進んだのは、相手の方でした。

八段審査は、一次と二次が試合形式の実技。二次審査で勝つと、最後に日本剣道形の審査となります。

審査内容に関する具体的なコメントはありませんが、不合格者には後日はがきでA、B、C、三段階の評価が通知されます。Aは「惜しい」、Bは「まあまあ」、Cは「極めて厳しい」。今回の私の評価はCでした。

過去の審査ではBの時もありました。それが今回はCだった。手応えは前よりあったのに、何がいけなかったのか？

審査のビデオを、お世話になっている先生に送ったことは先に述べましたが、先生のコメントには「相手の手の内は素晴らしいです」との一文もありました。

自分でうまく行ったと思った時は、だいたいダメなのです。その反対に、自分ではダメだと思った時に評価されることもあります。評価の基準がわからなくなります。

落ち込んでいても仕方がないから、次の審査に向けて、またゼロから稽古です。

七段までは、すべて一度で合格してきました。剣道の段位は、稽古を継続していけば、五段までは自然に取れるものです。五段までは地域審査で、審査員もだいたいが顔見知りです。受審者がどのような剣道をするのか、審査員もおおよそわかっています。

六段からは全国審査となります。受審者の人数も千人規模になります。審査員も全剣連からの派遣となるので、審査が厳しくなります。この六段、七段の段階で苦労する人は、非常に多いのです。

私の先輩に、十四回目の審査で七段に合格した方がいます。その方は私に「お前はこれからが大変だな」と言いました。七段に合格するには、学ぶべきことが数多くあり、多くの人がそこで苦労する。お前は七段までが順調すぎたから、今、大きな壁にぶつかっているのだと。

言われてみればたしかに、自分がなぜ七段に合格したのか、自分でも理由がわかりません。七段に合格した時のビデオでは、私はとてもよい動きをしているように見えます。余裕があり、無駄な力も入っていません。相手の攻めにも動揺せず、自分の剣道をしています。

この時のような剣道ができれば、と思うのです。それが今できないのはなぜなのか？

八段審査では、相手が六段から七段になっているので、ひと回り上の技術が求められているのでしょう。守破離でいえば、私はまだ七段の「離」の段階に達していないのかもしれません。先輩が言っていたように、六段の段階には学ぶことがたくさんあり、私はそのうちのいくつかを気づかずに飛ばしてきているのかもしれません。

勝ち方は自分で決めない

私に足りないものは何なのか?　「相手を使う剣道」について、ある八段の先生から大事なひと言を言われました。

「相手がどう負けるかは、相手に任せる。自分では決めない」

その先生が八段に合格したのは、六十五歳の時。それまで何度受けても受からず、その審査で最後にすると決めていたそうです。

そんな矢先、身内に不幸が起こります。先生は審査に行くのを一度はやめようとしますが、結局会場へと向かいました。そして一次審査を通過し、二次審査でも通り、ついに八段に合格したのです。

なぜ合格したのか?　その理由をいろいろと考えた末、先生はそれまで「勝ち方を自分で決めていた」ことに気づきます。相手がこう来たら、こうする。こう来る時は、こうしてやろう。事前に綿密なシミュレーションを行ない、筋書き通りに戦おうとしていた。

相手の出方を予測して、自分の勝ちパターンをいくつか準備しておく。そしてそのどれかに、相手を当てはめようとする。だから思うように体が動かず、審査に落ちていた。

最後に合格した時は違いました。相手がどう負けるかは、相手に任せる。自分から攻めるけれど、「どう攻めるか」は事前に決めない。相手の動きも、自分の動きも、パターンにはめない。余計なことは考えず、ありのままに相手を受け入れて、相手が崩れたところを打つ。つまり、打ってから勝つのではなく、勝ってから打つ。

私はその話を聞いて、「これこそが相手を使う剣道だ！」と思いました。

動きがパターン化している、それは私の課題のひとつでした。間合の詰め方、技の入り方、技を出すタイミング。自分の試合のビデオからは、いくつかのパターンが見えてきます。それは私の必勝パターンでもあるのですが、相手が自分より強い場合には通用しません。パターンにはまらないと、焦りが生じ、恐れが生まれ、辛抱できなくなり息が上がって相手に打たれます。八十歳の剣士や銀行員と向き合った時のように。

「どう負けるかは相手に任せる。自分で決めない」。今後の稽古の重要課題として、ノートに書き留めました。

「究極の一本」をめざして

剣道の最高段位、八段。合格率一パーセント以下の狭き門で、四十年、五十年と修行してきた剣道の専門家でも、なかなか受かるものではありません。

八段に合格できずに、ノイローゼになる人も結構います。「周りは合格しているのに、自分だけ受からない」「八段に合格できない自分は、人生に失敗したのではないか」と。

私も正直、怖いです。努力したからといって、八段に合格できるとは限りません。今の評価では極めて厳しいです。でも、そう思ってしまえばアウトです。

これまで五回受審してきて毎回、「どこが悪かったのか」「よかったところはどこか」「次は何をすればよいのか」と、その時の課題を見つけては工夫してきました。

そうして審査員からのＡＢＣの評価とは別のところで、心の底にうっすら見えてきているものがあります。「いずれ俺は八段になるのだ」という微かな思いです。

本当にそうなるかは、わかりません。でもなんとなく、なんとなく。その「なんとなく」が、今の私を支えているのです。

私は現在、五十四歳ですが、六十四歳、七十四歳と、あと二十年チャンスがあります。場合によっては、八十四歳。これからの二十年、三十年、朝に夕に鍛錬を重ねて、八段に合格する。そのことを信じて、これからもチャレンジを続けていきます。そしてそのようにがんばろうと思えるのは、「なんとなくの感覚」があるからです。この感覚はいつ頃からどのようにして、私のなかに芽生えてきたのでしょう?

最近よく思うのは「やはり結果よりもプロセスが大事だ」ということです。もし八段に一度で合格していたら、こんなに苦しい思いはしていないし、こんなに楽しいこともしていません。武道の楽しさは、厳しさや苦しさのなかで、自分で見つけていくものです。

一度も打ち込むことのできなかった、銀行員との稽古。あの時、録画したビデオを見ながら、眠りにつく夜があります。パーン、パーン……夢のなかでも打たれています。苦しいけれど、楽しい夢です。

そして今日も私は、面打ちの稽古をします。心が震えるような完璧な一本をめざして。人生で一度だけでも打てればいい。

だからいつも、目の前の一本を大切にします。今すぐに「完璧な一本」を打とうとしても、打てるものではありません。まずは心を落ち着けて、この一本に集中する。

今できることをやる。できないことがあれば、なぜそれができないのかを、よく考える。それが毎日の稽古です。勝つべき相手は昨日の自分。一歩一歩、少しだけでも進歩すればよいのです。

第五章　人間の壁を越えて

誤解される『葉隠』

武道の精神性について、よく誤解されるのが『葉隠《はがくれ》』です。「武士道と云《い》ふは、死ぬ事と見付けたり」の一節に象徴される「死狂《しぐるい》」の思想は、先の大戦において軍事的プロパガンダとして利用されました。

『葉隠』は、江戸時代の佐賀鍋島藩士・山本常朝《つねとも》の言葉を、後輩の藩士・田代陣基《つらもと》が書き留めた、武士の心得に関する書物です。

主君が死に、武士の慣習だった殉死を望んだ常朝でしたが、幕府の命令により殉死は禁止。出家して草庵《そうあん》で余生を送ります。その常朝の草庵を陣基が訪れ、常朝の言葉を聞き書きした書物が『葉隠』です。

当時は佐賀藩内だけで読まれて、藩内でも好意的には受け止められず、禁書扱いだったとも言われています。二十世紀に入って、武士道の書物として評価されるようになり、戦後、世界的に知られるようになりました。

常朝が自らの言葉を残そうとしたのは、殉死を禁じられたことが遠因にあります。武士としての「死の覚悟」を見せる場を失い、生きながらにしてその覚悟を見せるには、どうすればよいのか？　内省と、陣基との対話を通じて、常朝は「死狂」の思想、つまり「常に死の覚悟を持って、純粋で誠実な行為に達する努力をする」との結論に達します。

もっとシンプルに言えば、「死ぬ覚悟で今を生きろ！」ということです。

殉死に憧れつつ、それができないジレンマに苦しみ、自分は今生きている。常朝のアンビバレントな感情が交錯することも、『葉隠』が誤解される原因のひとつでしょう。

私も『葉隠』の英語版を出版しましたが、解釈と訳出には非常に苦労しました。常朝の言葉は、エキセントリックで矛盾だらけ。締切を過ぎても、一向に筆が進みません。

ここからは少し信じがたい話になりますが、ある晩、私の夢のなかに山本常朝が出て来たのです。彼は禿頭《はげあたま》のおじさんでした。「お前の英訳はダメだ！」と怒っています。汗だくで眼を覚まし、気持ち悪いなと思ったのですが、なんと次の晩もまた出て来るのです。

二晩続けて夢のなかで叱られ、私はそれまでの原稿を全部消して、ゼロから翻訳をやり直すことにしました。そして自分が田代陣基になったつもりで、常朝の言葉に再び向き合うことにしたのです。

それまで私は、山本常朝を伝説的な人物として扱っていました。ですがよく考えたら、彼もひとりの人間です。機嫌のよい日もあれば、悪い日もあったでしょう。真面目に話すこともあれば、冗談を言うこともある。酒を飲みながら話していた時もあったかもしれません。

『葉隠』は、田代陣基がおよそ七年にわたって、山本常朝の話を聞き書きした記録です。計画的に書かれた文学作品と違って、前後が矛盾していたり、内容にばらつきがあるのは当然なのです。そこには常朝の生活のリズムがあり、常朝独特の拍子があるのです。

そのことに気づいてからは、原本を基に、常朝と一対一で話しているところを想像して、翻訳していきました。本のなかに入り込んで、常朝と対面する。自分でつくり上げたイメージを使ってのロールプレイですが、何とかよい翻訳になったと思っています。

武道は文化の壁を越える

「武士道と云ふは、死ぬ事と見付けたり」。繰り返しますが、山本常朝の『葉隠』は誤解されやすく、先の大戦では、死を奨励するものであるかのように、軍事的プロパガンダとして利用されました。

先述の通り、常朝が言おうとしていたことは、「死の覚悟を持って生きろ」ということです。いつ死んでもおかしくないという事実を忘れるな。そうすれば目の前の一つひとつのことを、精一杯やることができる。一分、一秒を大切に生きろと。必死に生きること。

『葉隠』の翻訳を通じて、私は葉隠の「死狂」の精神を「死にものぐるいの行為」、ひいては「日常生活における捨身」であると考えるようになりました。「毎日を捨身で生きる」という前向きな姿勢です。

何度も繰り返してきましたが、剣道の稽古で「自分の身を捨てて打つ」ということが、どれだけ大変なことか。学問的に読んでも見えてきませんが、武道を実践して『葉隠』を読んでいくと、単純に死を奨励するような書物ではないことが、よくわかるのです。

ここで非常に難しいのは、武道は戦の世界で生まれたものなので、「殺人刀」の要素も持っているということです。ですから「身を捨てる」という行為も、戦争になれば、死に結び付くものになります。事実として『葉隠』はその一部を切り取られ、軍国主義の正当化に利用されました。

戦争になればどの国でも、「身を捨てる」事態は起こります。ニュージーランドでも、過去の大戦で多くの若者が国や王のために戦い、命を捨てた歴史があります。

日本の武道が世界的に見ても独特なのは、戦の技術の「殺人刀」を、人を活かす「活人剣」へと昇華させたことです。これは第三章でも触れたので、もう一度図を参照して下さい（117ページ）。

戦国の世の「殺人刀」は片刃の刀。一方的に相手を殺傷する技術です。江戸時代に生まれた「活人剣」は諸刃《もろは》の剣。殺すことも活かすこともできる、両面的な剣の道です。『葉隠』もこの時代性を背景に生まれました。

そして現代の「剣道」。竹刀や模擬刀で安全に行ない、体と心を鍛えます。剣の持つ実戦性と文化性の両方を学ぶことができます。「捨身の覚悟を日常生活に活かす」という具合に。

武道の持つ実戦性と文化性。そのどちらが強調されるかは、時代によって変わります。戦争の時代には実戦性が強調され、平和な時代は文化性が強調されます。

現在も世界には、紛争の起きている地域、軍事的緊張感が高まっている地域があります。しかしその一方で武道の精神は、民族や言語、文化や宗教の違いを超えて、世界各地に広がっています。もしも武道が本当に、軍国主義的な狭い心性に根ざしたものなら、ここまで世界的に広がることはなかったでしょう。

日本文化が好きで始めた若者、アニメ作品の影響で始めた若者、旧ユーゴスラヴィアでの戦争に参加して、生きるか死ぬかの経験をしてきた者、競技としてやりたいという者。私の知る海外の武道修行者は、多種多様なバックグラウンドを持っています。

彼らが武道に求めているものはそれぞれ異なりますが、海外では武道の精神性に魅力を感じ、哲学的な関心を持っている人が多いように思います。私の海外での武道セミナーでは、実技に加えて、武道文化に関する講演を行なうのですが、皆本当に熱心に話を聴いてくれます。学ぶことに対して、とてもハングリーです。

殺人刀から活人剣へ。実戦性と文化性を兼ね備えた武道は、世界でも稀な精神文化で、日本の貴重な文化輸出品だと私は思っています。

武道は宗教を超える

海外の武道人口は年々増加しています。「武道の国際化」は、私の学問的な研究テーマのひとつなので、武道が盛んな国によくリサーチに行きます。

イランはシーア派のイスラム国家ですが、武道のとても盛んな国です。実情調査のため、二〇〇四年に訪問したのですが、いろいろと興味深い体験をしました。

ある道場では合気道の稽古をしていたのですが、私は日本からの客人として、「植芝盛平《うえしばもりへい》の『愛』の思想」についてのスピーチを求められました。いきなりの依頼で、私に合気道の経験は無いのですが、皆、私の話を真剣な表情で聞いていました。

スピーチが終わると稽古再開。道場は畳敷きですが、軍事施設のような建物のなかにあり、外には機関銃を持った警備員が立っています。

道場の正面の壁には、イランの宗教的リーダーとして死後も崇拝されている、アヤトラ・ホメイニ師の写真。それと並んで、三人の日本人の写真が飾られています。合気道開祖の植芝盛平、柔道創始者の嘉納治五郎、「近代空手道の父」と言われる船越義珍《ぎちん》です。

日本では決して見られない光景ですが、国境も文化圏も超えて、武道が世界に普及している様子を目の当たりにしました。後で聞けば、道場の施設はやはり軍事基地で、なんと旧アメリカ大使館の建物だといいます。アメリカ大使館と言えば、イランアメリカ大使館人質事件（一九七九年）が起きた場所です。それ以降、アメリカとイランは外交関係を持たず、非常に仲が悪いままです。そのようなところで日本の武道をやっているとは……。

イランでは、武道修行者に対するアンケート調査を行ないました。始めた動機や、武道で得られたもの、そして武道の精神性について聞いたのです。

「武道特有の精神性、すなわち武道の死生観や道徳的な教えは、宗教と対立しないのか？　摩擦を起こすことはないのか？」。そのような私の質問に対する彼らの回答は、意外なものでした。

「武道をやることによって、精神的にも肉体的にも強くなるから、よりよいイスラム教徒になれた」

「武道は自分の宗教のサプリメントである」

イランといえばシーア派イスラム原理主義の国ですが、武道に対するスタンスは柔軟で寛容でした。

武道の精神性については、他の国でもアンケートを取っているのですが、仏教徒や無宗教の人も、武道は自分の思想信条を妨げるものではないと言います。私自身は無宗教で、武道が宗教のようなものなのですが、武道は人間性のサプリメント、宗教を超えるものだと思っています。

イランでは、「踊る宗教」として知られるスーフィズム（イスラム神秘主義）の寺院にも行き、「お前は面白い奴《やつ》だ」ということで、ラムズ・アリー・シャーというスーフィーの名前をいただいて帰りました（「アリーの教えの鍵を握る者」という意味で、アリーはシーア派の初代イマームです）。

武道人口減少の背景にある問題

海外で武道人口が増加傾向にあるのに対し、日本では、社会の少子高齢化に伴い、武道人口が年々減少しています。国内の剣道人口は、二〇二三年現在で約二百万人。これは全日本剣道連盟の登録者数で、段を取得している人数なのですが、途中でやめても登録は抹消されません。剣道では「中断」という考え方をしていて、大学を卒業して一度剣道をやめた人間が、三十、四十代になって稽古を再開するようなことがあるからです。

では実際の剣道人口は、どれくらいになるのか？　これを知るには高体連（全国高等学校体育連盟）のデータが参考になります。全国の高校の剣道部員の人数で、実態を反映している数字です。現在（二〇二三年）の高校生の剣道人口が約三万人。剣道人口においては十代が占める割合が二割ぐらいと言われますので、そこから推測すると、日本の実際の剣道人口は、おそらく十五万〜二十万人でしょう。

また、これまでの剣道人口の推移から予測して、「二〇五〇年には日本の剣道が絶滅する」との研究もあります。これ以上の減少を食い止め、剣道人口を増加に転じさせるための、具体的な普及計画が求められています。

ここで参考になるのが、フランスの柔道の例です。現在のフランスの柔道人口は約五十三万人で、日本の約十二万五千人の四倍。国の人口は日本の約半分ですから、人口比で言えば、日本の八倍になります。フランスは、国全体の少子化対策にも成功していますが、柔道人口もここ十年で大幅に回復しました。

フランスの柔道も日本同様、二十〜三十年前までは、勝利至上主義の問題を抱えていました。オリンピックメダルをめざして、子どもの頃から徹底的に練習し、高校生ぐらいの時にバーンアウト（燃え尽きる）してしまう。その結果、フランスでは子どもの柔道人口が激減したのです。

そこで行なった改革が、「子どもの全国選手権の廃止」でした。競技への偏重をやめ、嘉納治五郎がめざしていた「人間形成」の理念に戻り、柔道の教育面を充実させていったのです。

子どものうちは稽古中心で、試合をしても選手権は行なわず、勝つことへのプレッシャーをかけないようにする。選手の育成は専門のアカデミーで、十五歳を過ぎてから開始する。

このような対策が功を奏して、フランスでは子どもの柔道人口が再び増加しました。親子で一緒に稽古するというような文化も生まれました。オリンピックなどの国際大会でも、フランスはよい成績を収めています。日本でたびたび問題になった部活での死亡事故も、フランスではゼロです。

この事例を参考に、日本でも山下泰裕《やすひろ》先生が、柔道教育の改革に着手してきました。二〇一二年にフランスとイギリスの柔道関係者を招待し、フランスの柔道教育について学ぶ機会を設けたのです。この時、山下先生の依頼で、私が通訳を行なったのですが、柔道の文化性を重視するフランスの指導方針には、大いに共感しました。

二〇二二年、全日本柔道連盟は、子どもの柔道大会を廃止することを発表しました。十年かかりましたが、山下先生は柔道人口の減少を真摯に受け止め、フランスを参考に、日本の柔道の土台をつくり直そうとしています。

しかし、驚いたことに二〇一七年からフランス柔道が十二〜十三歳の全国大会を再導入しました。推測に過ぎませんが、二〇二四年のパリオリンピックが決定し、指導者や親たちが何とかして子どもたちにオリンピックの栄光を勝ち取らせようと望んでいることが裏にあるのではないかと思います。いずれにせよ、教育の手段として柔道を世界に広める先駆者の立場から、一歩後退したように思えて残念です。

剣道でも同様の対策を取ることで、剣道人口の減少に歯止めをかけることができるのでしょうか?

剣道はオリンピック競技ではありませんから、子どもの大会を廃止する必要はないと思います。ただし競技に偏重した勝利至上主義は、再考の余地があるでしょう。

その代わり剣道の精神性や歴史を、子どものうちから教えた方がよいと思います。技の理念や背景を学ぶことで、剣道への理解が進み、自主的に稽古をする素地が育まれると思います。

障がい者と高齢者にも武道を

スポーツにパラスポーツがあるように、武道にも障がい者武道があります。先日、学生を五人ほど連れて、スウェーデンに行ってきました。

福祉大国のスウェーデンでは、障がい者に対するケアが充実していて、武道がリハビリテーションの一環として行なわれています。

柔道と空手を稽古している、印象的なふたりがいました。彼らは双子で、知的障がいと身体障がい、自閉症がありました。体を動かすことがあまりできず、もちろん、乱取りや組手もできません。体の動かせる部分だけを使って、基本動作を行なっています。

指導者によると、彼らにとっては自分で道着を着て、帯を締めるだけでも大変なことなのですが、それだけでも大きな達成感を得ているようです。稽古のある日と無い日とでは、表情が全く違うと言っていました。

他の人たちには、私が剣道の素振りと木刀を使った稽古法を教えました。体があまり動かせない人にとっては、物を持って構えるだけでもチャレンジングですが、構えるだけ、素振りをするだけでも、体と脳の刺激になります。

そして、技ができた時の喜び。ひとつ技ができると、彼らはとても喜びます。剣道は、基本の技だけでも十分に面白いのです。

できることは非常に限られているけれど、その限られたことをどこまでできるか。そして自分の意志で体を動かしていく喜び、できなかったことができた時の喜び。基本動作や形を繰り返すことで、心技体を鍛えていく武道は、機能訓練や機能回復にも有効なのです。

障がい者武道と並んで、私が高い関心を持っているのが、高齢者のための武道です。打ち合いや激しい動きはしなくてもよいから、素振りや形を学ぶ。それだけで十分な運動になり、気持ちよく汗をかくことができます。

一般向けの講演会に行くと、よく中年から年配のお客さんに「私も剣道をやってみたいのですが、どこで教えてくれますか?」と聞かれます。町道場には初心者コースもありますが、ほとんどが子ども向けです。大人が途中から始められる環境が、剣道では整っていません。

現在、若い女性の間でキックボクシングが流行しているようです。サンドバッグやミット打ちがメインで、スパーリングや試合は希望者のみ。フィットネスとして気軽に行なえる環境づくりに成功しているのでしょう。九十一歳の女性がキックボクシングの練習をしている模様が、テレビで放映されたこともあったそうです。練習を始める前と半年後の写真を比べると、明らかに若返って見えたとのことです。

剣道でも同じようなことができないでしょうか?

私が今考えているのは、高齢者施設に訪問して、高齢者向けにアレンジした剣道を教えることです。やるのは素振りと形だけ。打ち合いや激しいことはやりません。これなら防具もいらないし、広いスペースも必要ありません。形は誰にでもできるものだし、覚えるのに頭も使うので、指先や脳のトレーニングにもなります。

子どもの剣道人口を増やすことも必要ですが、人生百年時代を迎えるこれからは、高齢者向けの武道に大きなニーズがあると思います。何歳からでも始められる指導法の研究と、一般人が稽古できる環境づくりを行なっていく必要があります。

縮まる世界との差

三年に一度開催される世界剣道選手権大会。一九七〇年の第一回大会よりずっと、剣道王国・日本の独擅場《どくせんじょう》でしたが、二〇〇六年の男子団体戦では、日本はアメリカに敗れて三位。

韓国が初の優勝を果たしました。

韓国は現在、とても強いです。学生の日韓戦が毎年行われるのですが、そこでも韓国が勝つことが多いです。

世界的に見て、以前は圧倒的に日本が強かったのですが、韓国はいつ優勝してもおかしくないし、アメリカもヨーロッパも、レベルがすごく上がってきています。

二〇〇六年の日本対アメリカ戦を、私は近くで見ていました。アメリカの選手は果敢に、日本の選手に向かっていきます。気合十分、俊敏な動きを見せるアメリカの選手たち。一方で日本の選手たちからは「負けてはいけない」というプレッシャーのせいか、慎重さと硬さが感じられました。

試合は中堅戦までは二—一で日本がリードしていましたが、勢いで勝るアメリカは、副将、大将戦でも奮闘。捨身の攻撃で、勝ちをもぎとりに行きます。試合の流れは一瞬で変わります。一本入れれば、流れを引き寄せることができます。不利な体勢から、紙一重で打突を決めるアメリカの選手。日本はペースを取り戻すことができず、結局敗れました。

私の若い頃の試合を振り返っても、番狂わせはたびたび起こりました。格上の選手や、圧倒的に強い選手を相手にする時は、かえって気持ちが吹っ切れるものです。「考えても仕方ないから、行くしかないだろう」、そんな一打が当たったりします。待っていても打たれるわけですから、思い切って行くしかないのです。

その反対に、日本人選手にはプレッシャーがあったのかもしれません。「外国人に負けたくない」とか「自分より弱い相手のはずだけれど、どんな剣道をしてくるのだろう?」とか。

試合では何が起こるかわかりません。相手が格上とか格下とか考えずに、自分の持っているものを出し切るしかないのです。

世界の剣道で、韓国、アメリカの次に強い国は、フランスです。ヨーロッパではイギリスも最近強くなってきています。子どもが多い国は、やはりだんだんと強くなっていきます。ヨーロッパは日本からの指導者も多く招待していますし、YouTubeなどの動画を使った研究も熱心です。そして皆、よく稽古します。ドイツ、ハンガリー、ポーランド。子どもたちの年代では、セルビアが強いです。

他にはカナダ、台湾。中国も競技人口が増えているので、これから強くなっていくでしょう。中国の場合、ナショナルチームに入れば道場を開いて生活していけるので、競争が激化しています。

次の世界大会は、本書が刊行される二〇二四年七月にイタリアで開催されますが、海外の剣士は着実に力をつけてきています。どのような結果になるかわかりません。

そして競技としての剣道に限らず、武道としての剣道も、海外に根づきつつあります。昇段審査も各国で行なわれて、それぞれの国の連盟で段位を認定しています。海外の七段もだいぶ増えてきました。競技者として一線を退いた後も、日々修行を続けている剣士が、今や世界中にいるのです。

二十世紀初頭、講道館柔道の前田光世《みつよ》は、アメリカとヨーロッパ、ふたつの大陸を股にかけ、地球の反対側のブラジルで、柔道を普及させました。それから百年の時を超えて、ブラジルで独自の発展を遂げてきた柔道は「ブラジリアン柔術」として、今では世界的に普及しています。

そして二十一世紀の現在。剣道も世界各地で、独自の発展を遂げていく時期に入ったのかもしれません。デジタル化の進むグローバル社会で、人は武道を通じて、どのようにコミュニケーションをはかり、人間性を育てていくのでしょうか。武道の世界的な発展を見守りつつ、それでも私は日本で修行する武道家として、日本武道の魅力を伝えていきたいと思っています。

エピローグ　マルチカルチャーだから見えること

本書の打ち合わせで東京を訪れた際、久しぶりに新橋の駅で降りました。懐かしい街です。十九歳、ワーキング・ホリデービザで再来日した時に、新橋の会社で働いていました。当時、仕事の後、都内の道場で稽古する計画を立てていました。

ルームメイトと借りていた埼玉県のアパートから、電車で二時間。朝の殺人的ラッシュのなか、防具一式を抱えて乗車します。満員電車で重い防具をぶら下げている外国人の姿は、もの珍しく映ったことでしょう。乗客の白い目と、防具の重みに耐えかねて、都内での稽古は一週間でやめにしました。

その後、国際武道大学の存在を知り、短期留学が決まります。「朝から晩まで、好きなだけ稽古ができる！」。最高の気分でした。しばらくするとある先生が、正規の学生として入学する気はないかと聞いてきました。これで四年間、武道を専門的に学ぶことができます。二つ返事でお願いしました。ところが教授会の判断で、結論はノー。「まだ外国人の正規学生を受け入れる準備ができていない」との理由でした。

〝国際〟武道大学なのになぜ？　腑《ふ》に落ちない話でしたが、仕方がありません。郷に入っては郷に従えです。

過去にそのような出来事はありましたが、二〇二三年四月より、私は国際武道大学 附属武道・スポーツ科学研究所の所長となりました。あれから三十余年、武道の国際化も、いよいよ本格的になってきたのかもしれません。

テレビの武道番組からも声がかかりました。NHK「明鏡止水～武のKAMIWAZA～」へのゲスト出演です。私より武道に詳しい人はたくさんいると思うのですが、外国人でこれだけ武道が好きだと、視聴者の興味を引くのかもしれません。「なんだ、日本の文化ってこんなに面白かったのか」と。

本編でも述べてきましたが、海外での武道人気に反して、日本の武道人口は減少しています。武道は日本の伝統文化ですが、世界のさまざまな文化圏で受け入れられています。民族も言語も宗教も超えた普遍的なものであることを、多くの人に知ってもらいたい。テレビの影響は今でも大きいので、番組が武道普及のきっかけになればよいと思っています。

私の母国のニュージーランドの剣道人口は、約三百名。毎年セミナーを開催するなど、普及には努めているのですが、人数としては少ないです。ちなみにニュージーランドの剣道人口の約三分の一は、中国人です。近年、ニュージーランドで暮らす中国人が増えてきました。

ニュージーランドはマルチカルチャー、多文化主義の国です。古い国ではなく、日本でいえば幕末ぐらいからの国です。もちろん、先住民族のマオリには約八百年の歴史がありますが、イギリスの入植からの歴史は二百年足らずです。

ニュージーランドでは、イギリスに対するナショナルプライドは当然あります。ナショナリズムは割と高く、ニュージーランド人は結構プライドが高いです。

最近のニュージーランドは、マオリ文化のルネサンスになっています。白人の間でマオリ語やマオリのカルチャーがトレンドになっていて、言葉も英語とマオリ語のミクスチャーになっています。白人もマオリ文化を自らのアイデンティティの一部として取り入れ、それがまた新たなナショナリズムを生んでいるのです。とても面白い時代です。

私も高校時代、マオリの戦いの踊り「ハカ」を学校で習いました。ラグビーでも有名なハカは、ニュージーランド人にとっては特別なものです。エモーショナルで、見ているだけでも鳥肌が立ち、踊ると気合が入ります。

剣道のニュージーランドのナショナルチームのために、マオリの方がハカを教えに来てくれたこともありました。試合場で踊るわけにはいかないので、会場へ出発する前にホテルで踊りました。目の前に相手チームはいませんが、チームの気持ちがひとつになりました。ハカは部族ごとに異なり、勝手に踊ってはいけないものもあります。世界的に民族意識が高まってきている現在、特にその傾向は強くなってきています。多様な文化を育てるには、異文化に対する理解とリスペクトが不可欠です。

私自身もマルチカルチャーです。ニュージーランドと日本、両方の文化を生きています。剣道の一本に心を震わせ、オールブラックスの勝利に歓喜の声を上げます。

過ごした年月は日本の方が長いので、立ち居振る舞いは日本人に近いかもしれません。クロアチアでもイランでも、日本的な謙虚さのおかげで、相手に好印象を与えているようです。英語で話し始めると、印象が変わるようですが。

友人の話では、日本語で話している時と、英語で話している時では、私の人格が変わるそうです。英語で話している時の私は、ちょっと偉そうかもしれません。自分では切り替えているつもりはないので、まさにマルチカルチャー。日本とニュージーランドの文化が、私のなかで混在しているのでしょう。

二十歳の頃、なぎなたを教えて下さっていた今は亡き美田村武子先生に言われたことがあります。

「アレックさん。日本の言葉や文化を一生懸命に勉強なさって、とても立派ですね。だけど、日本のよいところだけを取り入れて下さいね。真似しなくてよいところも、たくさんありますから」

あの頃の私は、一生懸命、日本人になろうとしていました。武道の稽古だけでなく、生活習慣やものの考え方など、何から何まで日本人の真似をしていたと思います。それでもやっぱり、なれない。どう見ても日本人ではないし、何かあるたびに「やっぱり外国人だ」という眼で見られます。純粋な日本人になれるわけがないのです。

そのことが大きなストレスになっていたのですが、美田村先生のひと言で、「別に日本人にならなくてもよいのだ。自分らしくいればよいのだ」と気づきました。時によっては日本人らしく、時によってはニュージーランド人らしく。両方とも私です。

そして現在。八段審査に苦戦している私を見て、ある八段の先生が言いました。「八段を取っても、人として変わることは別にないよ」。

これは八段を取ってから言えることですが、たしかにそうなのだろうと思います。八段になったらなったで、また新たな課題が出て来て、苦しく楽しい思いをするのでしょう。どんな時でも私は私です。

武道は日本の伝統文化です。大会やセミナーなどで海外に行くと、そのことを強く意識します。クロアチアのセミナーで出会った日本人の男性は、「海外で暮らして初めて、自分が日本人であることに気づいた」と言っていました。そして異国の地で、生まれて初めて竹刀を握ったのだといいます。

十七歳で日本に留学し、はじめはなんとなく竹刀を握った私も、半生をかけて剣の道を歩んで来ました。振り返れば、ずいぶん遠くまで来たものだと思います。そして海外のさまざまな国で、武道の国である日本に憧れている人たちと出会うたびに、武道を愛する海外の人たちから見れば、自分は夢のような人生を送っているのかもしれないと思います。

そして、そんな私の今の夢は、剣道の八段審査に合格することです。これまでの剣道の歴史で、日本で八段に昇段した外国人はわずか一人（ロベルト岸川先生）。今、八段に挑戦している私も、海外そして日本の仲間からの、特別な期待を背負っているように感じる時があります。ありがたい反面、それも嫌だなと思う自分がいます。「武道には国籍も人種も関係ない」というのが、これまで日本で修行を続けてきた私の、偽らざる実感だからです。「外国人だから」

でも「外国人なのに」でもなく、剣の道を究めるべく、自分の稽古を続けるだけです。

私の母国はニュージーランドですが、このまま日本に骨を埋《うず》めるつもりです。近い将来、今住んでいる京都の宇治に自分の道場を建てて、高齢者や障がい者、大人の初心者、外国人といった「まだ武道を知らないけれど、本当は武道を必要としている人」に向けて、広く門戸を開いていきたいと考えています。

武道は普遍的なもので、いまだ多くの可能性を秘めているのだと思います。

Alexander Bennett（アレキサンダー・ベネット）

一九七〇年、ニュージーランド出身。関西大学国際部教授。国際武道大学附属武道・スポーツ科学研究所所長。京都大学大学院人間・環境学研究科博士後期課程修了、博士(人間・環境学)。カンタベリー大学言語文化研究科博士課程修了、Ph.D.(Japanese Studies)。剣道七段(教士)の他、居合道、なぎなた、銃剣道でも段位を取得、総計三十段を超える武道家として著名で、NHKの武術番組「明鏡止水」シリーズ出演。著書に『日本人の知らない武士道』(文春新書)等。英文著作多数。

集英社新書一二二二C

限《げん》界《かい》突《とっ》破《ぱ》の哲《てつ》学《がく》 なぜ日《に》本《ほん》武《ぶ》道《どう》は世《せ》界《かい》で愛《あい》されるのか？

二〇二四年七月二二日 第一刷発行

著者……アレキサンダー・ベネット

発行者……樋口尚也

発行所……株式会社集英社

東京都千代田区一ツ橋二-五-一〇 郵便番号一〇一-八〇五〇

電話 〇三-三二三〇-六三九一(編集部)
〇三-三二三〇-六〇八〇(読者係)
〇三-三二三〇-六三九三(販売部)書店専用

装幀……原 研哉

印刷所……TOPPAN株式会社

製本所……加藤製本株式会社

定価はカバーに表示してあります。

ISBN 978-4-08-721322-5 C0210

哲学・思想――C

ルバイヤートの謎 ペルシア詩が誘う考古の世界	金子民雄
感情で釣られる人々 なぜ理性は負け続けるのか	堀内進之介
永六輔の伝言 僕が愛した「芸と反骨」	矢崎泰久・編
淡々と生きる 100歳プロゴルファーの人生哲学	内田棟
若者よ、猛省しなさい	下重暁子
イスラーム入門 文明の共存を考えるための99の扉	中田考
ダメなときほど「言葉」を磨こう	萩本欽一
ゾーンの入り方	室伏広治
人工知能時代を〈善く生きる〉技術	堀内進之介
究極の選択	桜井章一
母の教え 10年後の『悩む力』	姜尚中
一神教と戦争	橋爪大三郎 中田考
善く死ぬための身体論	内田樹 成瀬雅春
世界が変わる「視点」の見つけ方	佐藤可士和
いま、なぜ魯迅か	佐高信
人生にとって挫折とは何か	下重暁子
全体主義の克服	マルクス・ガブリエル 中島隆博

悲しみとともにどう生きるか	柳田邦男 若松英輔 ほか
原子力の哲学	戸谷洋志
退屈とポスト・トゥルース	マーク・キングウェル 上岡伸雄・訳
「利他」とは何か	伊藤亜紗・編
はじめての動物倫理学	田上孝一
ポストコロナの生命哲学	福岡伸一 伊藤亜紗 藤原辰史
哲学で抵抗する	高桑和巳
いまを生きるカント倫理学	秋元康隆
未来倫理	戸谷洋志
日本のカルトと自民党 政教分離を問い直す	橋爪大三郎
アジアを生きる	姜尚中
サークル有害論 なぜ小集団は毒されるのか	荒木優太
スーフィズムとは何か イスラーム神秘主義の修行道	山本直輝
スーザン・ソンタグ 「脆さ」にあらがう思想	波戸岡景太
一神教と帝国	内田樹 中田考 山本直輝
「おりる」思想 無駄にしんどい世の中だから	飯田朔
福沢諭吉「一身の独立」から「天下の独立」まで	中村敏子

集英社新書　好評既刊

ホビー・スポーツ――H

イチローUSA語録　デイヴィッド・シールズ編
チーズの悦楽十二カ月　本間るみ子
両さんと歩く下町　秋本治
手塚先生、締め切り過ぎてます！　福元一義
食卓は学校である　玉村豊男
オリンピックと商業主義　小川勝
ラグビーをひもとく　反則でも笛を吹かない理由　李淳馹
東京オリンピック　「問題」の核心は何か　小川勝
「野球」の真髄　なぜこのゲームに魅せられるのか　小林信也
勝てる脳、負ける脳　一流アスリートの脳内で起きていること　内田暁／小林耕太
羽生結弦は助走をしない　高山真
羽生結弦は捧げていく　高山真
「地元チーム」がある幸福　スポーツと地方分権　橘木俊詔
ジョコビッチはなぜサーブに時間をかけるのか　鈴木貴男
五輪スタジアム　「祭りの後」に何が残るのか　岡田功
バーテンダーの流儀　城アラキ

忘れじの外国人レスラー伝　斎藤文彦
MotoGP　最速ライダーの肖像　西村章
落合博満論　ねじめ正一
猪木と馬場　斎藤文彦
「名コーチ」は教えない　プロ野球新時代の指導論　髙橋安幸
アイスダンスを踊る　宇都宮直子
戦略で読む高校野球　ゴジキ
アントニオ猪木とは何だったのか　入不二基義／香山リカ ほか
スポーツウォッシング　なぜ〈勇気と感動〉は利用されるのか　西村章
「笑っていいとも！」とその時代　太田省一
読むダンス　ARATA

ノンフィクション――N

a pilot of wisdom

集英社新書　好評既刊

なぜ働いていると本が読めなくなるのか
三宅香帆　1212-B

労働と読書の歴史をひもとくと、仕事と趣味が両立できない原因が明らかになる。本好きに向けた渾身の作。

永遠なる「傷だらけの天使」
山本俊輔／佐藤洋笑　1213-F

萩原健一と水谷豊の名コンビが躍動した名作ドラマの関係者らを新たに取材し、改めてその価値を問う。

誰も書かなかった統一教会
有田芳生　1214-A

政界への浸食や霊感商法から北朝鮮との関係、組織の武装化、「世界日報」関係者襲撃など教団の全体像を暴く。

自由とセキュリティ
杉田　敦　1215-A

セキュリティ志向が強まる中、脅かされる自由と多様性。政治思想名著六冊から昨今の議論に一石を投じる。

福沢諭吉「一身の独立」から「天下の独立」まで
中村敏子　1216-C

幕末に武士として生き、明治維新を経て知識人となった福沢諭吉。今まで注目されてこなかった一面とは。

特殊害虫から日本を救え
宮竹貴久　1217-G

農作物へ大きな被害を及ぼす〝特殊害虫〟。その根絶事業に携わってきた現役昆虫学者による奮闘の記録。

読むダンス
ARATA　1218-H

BTSやSnow Man、XGなどの全七二作品を多角的に解説。心奪われるダンスは何がすごいのか？

働くということ「能力主義」を超えて
勅使川原真衣　1219-E

人を「選び・選ばれる」能力主義のあり方に組織開発の専門家が疑問を呈し、新たな仕事観を提案する。

首里城と沖縄戦　最後の日本軍地下司令部
保坂廣志　1220-D

20万人が犠牲となった沖縄戦を指揮した首里城地下の日本軍第32軍司令部壕。資料が明かす戦争加害の実態。

化学物質過敏症とは何か
渡井健太郎　1221-I

アレルギーや喘息と誤診され、過剰治療や放置されがちな〝ナゾの病〟の正しい理解と治療法を医師が解説。

既刊情報の詳細は集英社新書のホームページへ
https://shinsho.shueisha.co.jp/